LE PIÙ BELLE STORIE

Disney

PAPERIADI

GIUNTI

Copertina:
Coordinamento di Emanuela Fecchio
Progetto grafico e colore di Max Monteduro
Disegno di Giada Perissinotto

Ha collaborato: Francesca Bosetti

Editing di IF IdeaPartners - Milano

Pubblicato da Giunti Editore S.p.A.
Via Bolognese, 165 - 50139 Firenze - Italia
Via G. B. Pirelli, 30 – 20124 Milano – Italia

Prima edizione: maggio 2021
Stampato da L.E.G.O. S.p.A Lavis (TN)

Le storie "Pablo Paperiño e l'intrigo della Quadrenga" e "Zio Paperone e la corsa alla medaglia" sono state ristampate nella loro interezza come apparse nella loro prima pubblicazione dal 2002 al 2012.

www.giunti.it

Disponibile anche in versione eBook

INDICE

TUTTI INSIEME VINCIAMO!

Storie di atleti e di campioni

Sopra, vignetta di "Pippo e il segreto del grande atleta".

Sotto, immagine tratta da "Paperino atleta universale".

Ci sono avventure a fumetti che, meglio di mille parole, fanno capire che lo sport non è solo competizione. È soprattutto un'occasione per dare il meglio di sé, sempre all'insegna del fair play, cioè nel rispetto delle regole del gioco e dell'avversario. Lo scopriamo in modo divertente con Paperino e Topolino in *Londra 2012 caccia all'oro!*, dove i grandi atleti della storia ci insegnano che possiamo avere tutti gli stessi diritti e opportunità, perché lo sport unisce le nazioni andando oltre le differenze interculturali. Anche Sport Goofy, cugino di Pippo, offre il suo contributo alle nuove generazioni in *Il segreto di Sport Goofy*. E non mancano le esilaranti schermaglie sulla pista di atletica in *Pablo Paperiño e l'intrigo della Quadrenga*. Oppure le spassose disavventure dei Paperi in *Zio Paperone e la corsa alla medaglia*. In ogni avventura, malgrado tutte le difficoltà, quello che conta non è essere il più bravo, ma condividere le stesse emozioni e gli stessi valori. Perché, come afferma la famosa frase del Barone Pierre De Coubertin "L'importante non è vincere, ma partecipare".

BEENCHAPAH
Africa Australe
QUANTI ANNI! QUANTI CHILOMETRI! QUANTI SOGNI!
BAR-STORE GROCERY
SUNSHINE
IO FACCIO UBAIN TOLT!
E IO... VINCO!
FINALE DEI 5000 METRI! TANTO TEMPO FA... EPPURE, RICORDO TUTTO!
I-2950-5
BELLA, VERO?
BELLISSIMA, SIGNOR KWANTO KURRE!

NON PENSAVO CHE QUALCUNO SI RICORDASSE ANCORA DI ME, SIGNOR...
IL MIO NOME NON È IMPORTANTE!
QUESTA, INVECE, SÌ!
ULP!
CRAASH
E UNA! IH, IH!
FERMO! OOOF!
BUMP
AL LADRO! LA MIA MEDAGLIA!
Gulaschstadt
Europa Centrale
RICORDATI, EMIL! PANE, LATTE E PIEROGI*!
CERTO, GALINA!
* SORTA DI PANZEROTTO DOLCE O SALATO

NON CORRERE, PERÒ! HAI UNA CERTA ETÀ!
POSSO BATTERE TUTTI I VECCHIETTI DEL QUARTIERE!
SONO O NON SONO...
... UN CAMPIONE, LO SO! EH, EH!
EMIL KATAKLOPP, IL FAMOSO MARATONETA?
EHM... SONO IO!
SBONK
NON MI SERVE SAPERE ALTRO!
EMIL!
OHI, OHI!
AIUTO! POLIZIA!

7

Walla Walla Springs
USA
E ORA CINQUE VASCHE IN STILE... MOLTO LIBERO, RAGAZZI!
YEEEH!
RACCONTATECI DELLA VOSTRA MEDAGLIA, SIGNOR SPLASHER!
EH, EH! E VA BENE!
COME AVETE FATTO A VINCERLA?
HO INIZIATO COME VOI... NUOTANDO E DIVERTENDOMI!
MA AVEVO UN SOGNO... ED ERA QUESTA MEDAGLIA!
VOLEVO PARTECIPARE ALLE COMPETIZIONI... UH?
TOMMY SPLASHER?

8

QUESTA È MIA, GRAZIE!
EHI!
YANK
NON CI PROV... AHI!
THUD
ZITTO...
... E FATTI UN TUFFO!
GASP!
BRUTTO... BRUTTO!
UN GIORNO NON CAPIRAI, RAGAZZINO! IH, IH!
PERFETTO!
ALL'AERO-PORTO!
SUBITO, SIGNORE!

FINE PROLOGO

PAPERMEDAGLIE,
WALT DISNEY
CACCIA ALL'ORO!
YAWN!
STIAMO ATTERRANDO A LONDRA HEATHROW, UNO DEI CINQUE AEROPORTI DELLA CITTÀ DELLE GARE SPORTIVE MONDIALI 2012!
PRIMA PUNTATA
IL PIANO DELL'AGENTE "M"
I-2951-1

RITIRO BAGAGLI, ORE 5.45...
HO UN SONNO MONDIALE! TU E I TUOI AEREI NOTTAMBULI!
AVRESTI SONNO COMUNQUE, NIPOTE RONFATORE!
ED ERA UN VOLO DELLA COMPAGNIA DI ROCKERDUCK!
SÌ, MA ERA COSÌ SCONTATO CHE L'HO PAGATO ZERO DOLLARI!
IN QUESTO MODO, ABBIAMO LASCIATO LIBERI CINQUE POSTI AI PAGANTI NELLA MIA COMPAGNIA AEREA!
NONOSTANTE L'ALZATACCIA...
... CI GODREMO LE GARE SPORTIVE...
... IN PRIMA FILA!
london
IO NO! DEVO FARE LA GUARDIA AL MUSEO SPORTIVO DELLO ZIONE!
IL PREZZO NON È TRATTABILE!
PFUI! ESOSO!
TAXI

UN TAXI POCO COSTOSO DOPO...
IL VILLAGGIO SPORTIVO! 205 PAESI PARTECIPANTI, 10.500 ATLETI...
... E UN SACCO DI SPONSORIZZAZIONI! YUM!
MUSEO DELLO SPORT
LONDRA
ED ECCO IL MUSEO! FOTO, MEDAGLIE E MAGLIETTE USATE DAI GRANDI ATLETI! HO MANDATO BATTISTA IN AVANSCOPERTA!
PRINCIPALE! NOTIZIA ORRIBILE!
NON PUÒ ESSERLO PIÙ DELLA TUA TENUTA, BATTISTA! CHE COS'È SUCCESSO?
QUESTA NOTTE, IL MUSEO È STATO SVALIGIATO!
POLICE LINE
UACK! DISASTRISSIMO!

PERCHÉ NON HANNO RUBATO TUTTE LE MEDAGLIE?
BOH! HANNO PRESO SOLO QUELLE D'ORO... E NEMMENO TUTTE!
LA POLIZIA STA GIÀ INDAGANDO! VERO, BOBBY?
ESATTO!
ABBIAMO UN SOSPETTUCCIO!
SOSPET-TUCCIO?!
IO HO LE IDEE CHIARISSIME! SGRUNT!
IL FURGONE È STATO AVVISTATO NELLA ZONA DI CAMDEN TOWN!
FORZA, NIPOTI! SI VA A CACCIA DI FURFANTI ALBIONICI!
BLINK

INTANTO, FUORI LONDRA...
UN JET PRIVATO PAGATO DAL MUSEO?
MEGLIO EVITARE LE SOLITE ROTTE, AMICO MIO! NON VOGLIAMO DARE NELL'OCCHIO!
IN UN CASO COME QUESTO, POI!
GIÀ, UN HACKER ENTRA NELLA RETE DEL MUSEO...
... E RUBA IL PROGETTO DELLA MACCHINA DEL TEMPO!
YUK! IN INGHILTERRA ANCHE GLI AEREI TENGONO LA SINISTRA?
SE QUALCUNO AVESSE AGGIORNATO L'ANTIVIRUS...
E SE QUALCUN ALTRO NON AVESSE SCARICATO TOPOSOCCER 2012...
PER FAVORE, SIGNORI!
DOBBIAMO TROVARE QUELL'HACKER! SE COSTRUISSE UNA SUA MACCHINA DEL TEMPO, LE CONSEGUENZE SAREBBERO DEVASTANTI!
INDIZI?

L'HACKER SI FA CHIAMARE BLOTI! NON SAPPIAMO ALTRO!
CHE NOME BREVE! AVRÀ UNA CARTA D'IDENTITÀ MINUSCOLA! YUK!
ABBIAMO RINTRACCIATO IL SERVER DAL QUALE LAVORA, UBICATO QUI IN GRAN BRETAGNA, A...
LONDON
52 MILES
LOCK
TONY'S
Records
SHOES & CLOTHES
TATTOO
KEBAB
CAMDEN TOWN È UNO DEI MERCATINI PIÙ FAMOSI E... INCONSUETI DI LONDRA!
BAG
BELLO!
UAO! CHE ATMOSFERA FANTASTICA!

AVETE PER CASO VISTO... GULP!
GRRR!
QUEL CAMION MI HA ROTTO IL SETTANTESIMO FANALE, TERRY!
ANTIPATICI, QUEI TIZI CON LA MASCHERINA!
?
ERANO PER CASO SU UN CAMION SIGLATO BB?
ESATTO, MATE*!
LO TROVERETE LAGGIÙ!
GRAZIE!
* "AMICO" IN COCKNEY, L'INGLESE... LONDINESE
ECCOLI!
SPIEGAMELO ANCORA UNA VOLTA, 176-761!
UMPF!
E CON QUESTA FANNO DODICI!
176-761
176-671

NOI RUBIAMO LE MEDAGLIE E BLOT'I SE LE TIENE! NON È DIFFICILE!
E NOI ARRAFFIAMO GRATIS?
E CHI È QUESTO BLOTCOSO?
BOH! NON L'ABBIAMO MAI VISTO! SOLO MAIL SU PAPERNET E TELEFONATE SU SKIAPP!
TENIAMOCI L'ORO, ALLORA!
NO! BLOT'I CE LO PAGA DIECI VOLTE IL SUO VALORE!
VOLETE UN ACCONTO A BASTONATE?
GARA-GULP! IL TACCAGNO!
VIA, FRATELLI!
LA POLIZIA STA ARRIVANDO, FURFANTI!
GASP! C'È ANCHE LUI?!
?!

ULP! VOI?!
TUTTI CONTRO DI NOI? CATTIVI!
VOI?! ULP!
OGGI LA FORTUNA NON GIRA!
ZITTO E FUGGI!
DAI! DAI! DAI!
ANCHE VOI ALLE CALCAGNA DEI BASSOTTI?
VERAMENTE, NO!
YUK! CHE VISTA, DA QUI!
SPOSTATI, PIPPO! DEVO AGGUANTARLI!
FERMATEVI, BASSOTTI!
GASP! IL TOPASTRO È PIÙ FEROCE DI PAPERINIK!
UMPF!

OOOPS! SI SCIVOLAAA!
GASP!
SWIISSS
GALA-GULP!
FLOP
SBRANG
ANTON CHOO'S
CAMDEN NOODLES
SPLAT
CATTIVO!
YUM! BUONO, INVECE!
OUCH!
MA CHE CI FANNO QUI?
HANNO RUBATO ALCUNE MEDAGLIE! A PROPOSITO...
"... DOVE SONO FINITE?"
QUEI BASSOTTI! CRIMINALI INCAPACI, MA DIVERSIVI OTTIMI! IH, IH!

Poco dopo, infatti...
TROPPO TARDI!
QUINDI, VOI NON CERCATE LE MEDAGLIE!
MACCHÉ! L'IMPORTANTE È PARTECIPARE, NO?
PIPPO!
OH! IL MIO CELLULARE QUASI NUOVO!
DI LEGNO?!
È UN PROTOTIPO UN PO'... ANTICO!
DRIIIN
CHE COOOSA? ARRIVIAMO SUBITO!
Poco dopo, al museo sportivo...
LE FOTO DELLE PASSATE EDIZIONI SPORTIVE STANNO CAMBIANDO, PRINCIPALE!
IMPOSSIBILE!

SCOMPAIONO PERSONE E LUOGHI... E APPARE UN UOMO NELL'OMBRA!
PROPRIO COME TEMEVO, COLLEGA!
SE LE FOTO STANNO CAMBIANDO...
... QUALCUNO HA COSTRUITO LA SUA MACCHINA DEL TEMPO...
... E LA STA USANDO PER MODIFICARE IL PASSATO!
IMPOSSIBILE, MA VERO!
DOBBIAMO PARLARE, PAPERONE!
E DOPO UNA LUNGA SPIEGAZIONE...
UNA MACCHINA DEL TEMPO?! VE LA COMPRO!
UMPF!
GIÀ PREGUSTO GUADAGNONI! SLURP!
È PROPRIO QUELLO CHE VUOLE BLOT!!
MA HA RUBATO SOLO MEDAGLIE D'ORO! PERCHÉ?
E CHE COSA VUOLE CAMBIARE, NELLE GARE MONDIALI PASSATE?

NON SOLO! VOLEVA PAGARE I BASSOTTI UNO SPROPOSITO! UN BEL MISTERO!
O, FORSE, UN PIANO BEN ELABORATO!
COMUNQUE, UNA MINACCIA CHE AFFRONTEREMO INSIEME!
TUTTI ALL'ATTACCO!
UNIREMO LA TECNOLOGIA DEI PROFESSORI CON LE TUE RISORSE, PAPERONE!
GIUSTO! BASTANO, DIECI DOLLARI?
MEGLIO CINQUECENTOMILA STERLINE, GRAZIE!
GASP!
AL LAVORO! BLOT1 VUOLE CAMBIARE IL PASSATO... MA NOI SALVEREMO IL FUTURO!
PREPARO SUBITO IL TÈ DELLE AVVENTURE EPICHE!

E così...
NON BASTAVA UNO SCANTINATO? CON QUELLO CHE MI COSTA QUESTO POSTO, POTEVO AFFITTARE DUCKINGHAM PALACE!
SECONDO I PROFESSORI, È IL POSTO MIGLIORE PER MONITORARE LE ENERGIE TEMPORALI!
E POI AMMETTERAI...
... CHE IL COLPO D'OCCHIO DALLA SOMMITÀ DEL GHERKIN* È FAVOLOSO!
GULP! HO UN TANTINO DI VERTIGINI!
* GHERKIN, CIOÈ CETRIOLO, È IL NOME CHE I LONDINESI HANNO DATO ALL'EDIFICIO INAUGURATO NEL 2004 PROGETTATO DAL FAMOSO ARCHITETTO NORMAN FOSTER!

ECCO I DOCUMENTI D'EPOCA CON CUI VIAGGERETE! PARTIRETE SUBITO E...
EH, NO!
QUEL LESTOFANTE TEMPORALE VUOLE CAMBIARE ANCHE IL MIO PASSATO! IO E PAPERINO VERREMO CON VOI!
IN EFFETTI...
MA CHE COSA DICI, ZIONE? IO STO BENISSIMO NEL MIO TEMPO!
UN TEMPO PIENO DI DEBITI!
EHM... GIÀ!
TIENI, TOPOLINO!
UN TELEFONINO?
CRONOFONINO, PREGO! PER COMUNICARE TRA UN SECOLO E L'ALTRO!
ANCHE PER NOI I... TEMPI CAMBIANO! EH, EH!
E... QUANDO SI VA?
ALLA PRIMA APPARIZIONE DELLO STRANO FIGURO NELLE FOTO!

GASP! E SE FINIAMO NEL GIURASSICO?
È GIÀ SUCCESSO! YUK, YUK!
TRANQUILLO, PAPERINO! UNO ZAP... E VIA!
ALLORA? SI PARTE O NO?
RATTLE
RATTLE
ZAAAP
FIUUU! PENSAVO PEGGIO!
ASPETTA A DIRLO! I VIAGGI NEL TEMPO RISERVANO SEMPRE QUALCHE SORPRESA!
EI-CKE
АЭРОФЛОТ

E ORA... PRONTI ALLA RECITA!
ALT! DOCUMENTI!
алт паспорт
GIORNALISTI TUBETANI?
OH, NO! SIAMO DI TOPOLINIA E PAPEROPOLI! YUK!
PAESI NEMICI, QUINDI!
M-MA NO! S-SIAMO BURLONI, NOI!
CHE COSA HO DETTO DI MALE?
È UNA SITUAZIONE DELICATA, PIPPO! DOBBIAMO AGIRE CON CAUTELA!
NON DOBBIAMO FARCI NOTARE O RISCHIAMO DI MANDARE ALL'ARIA IL NOSTRO PIANO! CI SONO PROBLEMI E INTERESSI NAZIONALI CHE VANNO OLTRE L'ORGANIZZAZIONE DELLE COMPETIZIONI SPORTIVE!
E GLI UNICI CHE RISCHIANO DI PERDERE DAVVERO... SONO GLI ATLETI E I LORO SOGNI!

STADIO LUZHNIKI, MOSCA
LA FOTO È STATA SCATTATA QUI, DURANTE LE GARE DI ATLETICA!
GARA 3
CHISSÀ COME STA LA MIA COLLEZIONE DI RUBLI, AL DEPOSITO?
EHI! HO VISTO QUEL TIPO NELLE FOTO AL MUSEO!
È PIETRO MENNEA! IN QUESTA COMPETIZIONE MONDIALE VINCERÀ L'ORO NEI 200 METRI...
... SE NON SUCCEDE NULLA DI STRANO!
ATTENZIONE, COMPAGNI SPETTATORI!
C'È UN RIPESCAGGIO PER LA FINALE DEI 200 METRI!
CCCP
SI TRATTA DI IGOR GALOPPOV, GLORIOSO ATLETA SOVIETICO!
SPIEZ-ZERÒ TUTTI IN DUE!

CHE TIPACCIO!
A ME PREOCCUPANO DI PIÙ...
... I SUOI AMICI!
ANDIAMO, BESTION... EHM, GALOPPOV!
AH, AH!
CCCP
È LO STESSO FIGURO DELLA FOTO!
SEGUIAMOLO!
MA DOV'È FINITO?
EPPURE È COSÌ GROSSO CHE È DIFFICILE PERDERLO!
ALTOLÀ, SPIE!
AVEVATE RAGIONE, COMPAGNO M!
FINIRETE IN VACANZA NELLA PROVINCIA CARCERARIA DI FREDDISSIMOV!
MA NON ABBIAMO FATTO NULLA DI MALE!

29

QUESTO LO DECIDO IO!
SGRUNT!
ВЫХОД
INFATTI...
VI IMPRIGIONANO SPESSO, IN QUESTI VIAGGI?
UNA VOLTA SÌ E L'ALTRA PURE! YUK!
PRIGIONE NASCOSTA NEL VILLAGGIO SPORTIVO!
MO CK BA
RICAPITOLIAMO! L'AGENTE M È IL TIPACCIO NELLE FOTO...
... E PROBABILMENTE ANCHE IL LADRO DI MEDAGLIE NEL 2012!
E VUOLE FAR VINCERE I 200 METRI A GALOPPOV INVECE CHE A MENNEA!
MA PERCHÉ PROPRIO QUELLA MEDAGLIA? E POI...
CLANG
CLACK
MUOVETEVI, VOI!
ENTRATE, FUGGITIVI!
CHE MODI!

E VOI CHI SIETE?
I FRATELLI BADABINGBONGBONG, ATLETI DALLA LONTANA MEZTHYZIA!
IL NOSTRO PAESE È TIRANNICO! VOLEVAMO PARTECIPARE ALLA STAFFETTA E FUGGIRE ALL'ESTERO... MA CI HANNO SCOPERTO!
VOGLIAMO SOLO UN PO' DI LIBERTÀ!
ALLORA VI AIUTEREMO... E FUGGIREMO INSIEME!
E COME? L'UNICA USCITA È LASSÙ!
NESSUN PROBLEMA!
MIO FRATELLO BONG È CAMPIONE ANCHE DEL NOSTRO SPORT NAZIONALE!
UACK! E SAREBBE?
IL LANCIO DEL PAPERO! SPERO CHE DIVENTI PRESTO UNA SPECIALITÀ AGONISTICA UFFICIALE!
UAAACK!

CONC
SCUSA, AMICO! NON MANCO MAI IL BERSAGLIO!
MA STAVOLTA SÌ, EH?
NIPOTE, SEI CARENTE PERSINO COME ARMA DA LANCIO!
SU, PAPERONE! FORSE C'È UN ALTRO MODO!
INFATTI...
ANCORA UNO SFORZO, RAGAZZI!
FORZA, NIPOTE!
PUFF!
URGH!
ARGH!
LIBERI!
CLANG

?!
PIANO!
RESISTI, NIPOTE!
OOOH...
BRADABOOM
EHM... FATE CON COMODO!
POSSIAMO ABBANDONARE QUI PAPERINO?
PENSIAMO AI TRAVESTIMENTI, PIUTTOSTO!
QUALCHE ORA DOPO...
CHE COSA?
INCREDIBILE CHE COSA SI FA CON QUALCHE LENZUOLO!
SIAMO I SUPREMI BALABAN DELLA MEZTHYZJA E ABBIAMO PERDONATO QUESTI BIRBANTELLI!
UHM... ENTRATE, ALLORA!
SSST!

E così...
BUONA GARA, RAGAZZI!
DIVIDIAMOCI E CERCHIAMO M! IN FRETTA, PERÒ... STA PER INIZIARE LA FINALE DEI 200 METRI!
YUK! MI SA CHE QUELLI SONO MIEI PARENTI!
POTREI AGGIUDICARMI I CONTRATTI MIGLIORI... TRENT'ANNI PRIMA DI ROCKERDUCK!
E SE PROVASSIMO DA QUELLA PARTE?
MOCK
INGRESSO ATLETI
>>>
USCITA
<<<
adiqua
SPORT
ECCO GALOPPOV!
GULP! IN... MUSCOLI E OSSA!

MA CHE COSA FA?
E CHE COS'È QUELLA STRANA BRODAGLIA?
IO-VIN-CE-RE!
UACK! SUPER ENERGE-TICO!
MA NON SONO ILLEGALI?
CERTO, PIPPO! QUEL MOSTRO VUOLE DISTRUGGERE I GIOCHI!
SÌ, MA NON M'IMPORTA! VOGLIO SOLO VINCERE!
!
E HO TROVATO ANCHE GLI ALTRI FICCANASO!
ABBIAMO SCOPERTO I VOSTRI IMBROGLI...
... ED È GIUSTO CHE LI VEDA TUTTO IL MONDO!
EHI!

SCUSATE, MA È UN'EMERGENZA!
EHI!
SORRIDI, FURFANTE!
SHTO?!*
* "COSA?!" IN RUSSO
OOOOOH!
UUUH!
IRREGOLARITÀ SPORTIVE, EH?
GRRR!
BEL COLPO, TOPOLINO!
GRAZIE! MA COME SONO ANDATI I 200 METRI?
"BENISSIMO! MENNEA HA VINTO L'ORO!"
433

E ANCHE NOI ABBIAMO VINTO! ORA IL MONDO SAPRÀ DI NOI... E CHIEDEREMO LIBERTÀ AI NOSTRI GOVERNANTI!
FANTASTICO!
ORA, PERÒ, ANDIAMO! PER FORTUNA ANCHE QUI... C'È QUALCOSA DI MIO!
P.D.P. INDUSTRIES
POCO DOPO...
È QUI CHE DOBBIAMO TORNARE, VERO?
SÌ! DOPO DODICI ORE ESATTE!
EHM... E NOI?
LE MIE LINEE AEREE HANNO QUATTRO POSTI GRATIS PER... DOVE VOLETE!
UAO! GRAZIE!
P.d.P CARGO
BURBERO... MA GENEROSO, EH?
PERDO POSTI PAGANTI NELLA STIVA, MA VABBE'!

ANDIAMO, TOPOLINO!
UN MOMENTO!
L'AGENTE M? CHE COSA CI FA QUI?
VOGLIO PROPRIO VED... GULP!
UN PIANO CHE COINVOLGE VARIE COMPETIZIONI SPORTIVE... NEL CORSO DI DECENNI?

TRAVESTIMENTI... PER LA STESSA PERSONA?
MUOVIAMOCI! NON VOGLIO RESTARE DIETRO LA CORTINA DI FERRO!
EHM... ARRIVO!
DOV'ERI FINITO?
HO FATTO UNA SCOPERTA INQUIETANTE...
UNO ZAP DOPO...
... E DOBBIAMO PARLARE!
ANCHE NOI, TOPOLINO!
LA POLIZIA HA SCOPERTO IL COVO DAL QUALE OPERAVA BLOT!!
E IO HO SCOPERTO LA SUA BASE NEL 1980!

UN'UNICA MENTE CRIMINALE, ORMAI È CHIARO!
DOBBIAMO TROVARLO... E DI CORSA!
LE FOTO DEL MUSEO SPORTIVO CONTINUANO A CAMBIARE!
SOPRATTUTTO QUELLE DI UNA CERTA EDIZIONE!
QUESTA EDIZIONE?
PROPRIO COSÌ, PURTROPPO!
GLOM!
PARTIAMO SUBITO, ALLORA! TROVEREMO M. BLOT! O QUALUNQUE SIA IL SUO NOME...
... A BERLINO, NEL 1936!
HO L'IMPRESSIONE CHE NON SARÀ FACILE!
EH, GIÀ! UN'IMPRESA RISCHIOSA ATTENDE I NOSTRI AMICI NEL PROSSIMO EPISODIO DI PAPERMEDAGLIE, CACCIA ALL'ORO!
FINE DELLA PRIMA PUNTATA

SECONDA PUNTATA
PAPERMEDAGLIE,
CACCIA ALL'ORO!
WALT DISNEY
UN MISTERIOSO LESTOFANTE STA RUBANDO MEDAGLIE D'ORO NEL PRESENTE E... NEL PASSATO, DOPO AVER TRAFUGATO I PROGETTI DELLA MACCHINA DEL TEMPO! PAPERI E TOPI HANNO UNITO LE LORO FORZE PER FERMARLO, E IL LORO VIAGGIO LI HA PORTATI... QUI!
ZIRCONIANI! NON MI SONO MAI PIACIUTI!
IL SALTO DI JESSE
I-2952-2

NEANCHE A ME! QUEI PREPOTENTI!
TROVIAMO L'AGENTE M, O COME SI FA CHIAMARE QUI, MA SENZA FARCI NOTARE DA QUEI TIPACCI!
QUEI TIPACCI?
ESATTO! I KATTIVACCENKORPS, LA POLIZIA SEGRETA ZIRCONIANA!
ANCHE IN QUEST'EPOCA CI SONO DEI PESSIMI SOGGETTI!
MAI CHE SI FINISCA IN UN'ERA DI PACE E TRANQUILLITÀ! UMPF!
EPPURE SIAMO DEI SIMPATICONI, PAPERO! BASTA OBBEDIRCI!
UACK! APPENA ARRIVATI... E GIÀ NEI GUAI?
CERTO! DEL RESTO, SAPEVAMO DEL VOSTRO ARRIVO!
TU?

GAMBADILEGNO?!
ANTIPATIKEN-KOMMANDANT VON LEGNENGAMB, PREGO!
SIETE IN ARRESTO SU ORDINE DELL'ÜBERKATTIVONEN SCHWARZFLECK!
LO STESSO NOME CHE HO LETTO A MOSCA!*
* VEDI PRIMO EPISODIO
PIETRO... SEI PROPRIO TU?
NON SO DI CHE COSA PARLI, BÖSE MAUS*!
* "TOPASTRO"!
IO ESEGUO GLI ORDINI E... MI DIVERTO! AHR, AHR!
TENETELI D'OCCHIO! HERR SCHWARZFLECK DICE CHE SONO PESTIFERI!
JA, HERR LEGNENGAMB!
"SCHWARZFLECK... SCHWARZFLECK!"
1936
2012
QUEL TIPO HA MILLE FACCE...CHE COSA AVRÀ IN MENTE?

ORE DOPO...
OHI, OHI! DOV'È LA MIA AMACA?
NON SIAMO A PAPEROPOLI, NIPOTE!
ZONA MILITARE Non avvicinatevi! Non passate! Non guardate! niente di niente!
OHI, OHI... CHE BOTTA!
VIAGGIATE NEL TEMPO E VI MALTRATTERANNO PER DECENNI! SGRUNT!
DOBBIAMO SCOPRIRE DOVE CI TROVIAMO E... UH?
SIAMO FUORI CITTÀ... E NEI GUAI!
ANCHE VOI SIETE PRIGIONIERO?
SÌ, PURTROPPO!
PIACERE, JAMES CLEVELAND OWENS... DETTO JESSE!
USA

LO CONOSCI?
CERTO! È UNA LEGGENDA DELL'ATLETICA! VINCERÀ QUATTRO ORI IN QUESTA COMPETIZIONE MONDIALE...
... SEMPRE CHE GLI ZIRCONIANI LO LASCINO GAREGGIARE!
E PERCHÉ NON VO-GLIONO CHE GAREGGI?
A CAUSA DI UNA INGIUSTA DISCRIMINAZIONE, PIPPO!
?
...
PERCHÉ?
PERCHÉ? PERCHÉ? PERCHÉ?
APPUNTO, PIPPO!

QUINDI NON GAREGGERAI?
E COME POTREI? QUEI BULLI MI HANNO RINCHIUSO QUI!
BAH, RAGAZZO! IL MONDO VA AVANTI GRAZIE A CHI SI RIBELLA... NON A CHI SI ARRENDE! DAMMI UNA MANO, NIPOTE!
?
USCIAMO DI QUI! NON ABBIAMO MOLTO TEMPO!
CRACK
NON SI PASSA, NONNETTO!
PREGO?
NON DOVEVA CHIAMARLO COSÌ!
STOKK
TRACOTANTI E IMPUDENTI! TSK!
PERCHÉ? PERCHÉ?

ANDIAMO, JESSE!
E PERCHÉ? GLI ZIRCONIANI NON MI LASCERANNO MAI GAREGGIARE!
EHM... FIDATI DI NOI! NE VARRÀ LA PENA... IN FUTURO!
?!
CREDO CHE SCHWARZFLECK LO ABBIA RINCHIUSO QUI PER NON FARLO GAREGGIARE E PER FAR VINCERE LE SUE MEDAGLIE A QUALCUN ALTRO! TORNIAMO A BERLINO... E RIMETTIAMO A POSTO LA STORIA SPORTIVA!
EHI, VOI! FERMI!
SIETE GLI ATTREZZISTI DEL MIO FILM?
OH, NO! ANCHE QUI!

BRIGITTA VON BRÜCKE, DOCUMENTARISTA UFFICIALE DEI GIOCHI!
EHM... SÌ, CERCAVAMO PROPRIO VOI!
DOBBIAMO ANDARE A BERLINO E... OOOH! E VOI CHI SIETE, BEL PAPERO?
GROAN!
B-BERLINO? PARTIAMO SUBITO, ALLORA!
ECCOME! GURGLE!
E COSÌ...
IL MIO FILM SI CHIAMERÀ "BEI PAPERI ATLETICI" E DURERÀ QUINDICI ORE!
MOSTRERÒ L'ORGOGLIO ZIRCONIANO E...
BELL'ORGOGLIO!
OH!
JESSE HA RAGIONE! NON MI SONO MAI PIACIUTI I FANATICI E GLI INTOLLERANTI!

FORSE HAI RAGIONE TU... PAPERONUCCIO!
GLOM!
DEVI GAREGGIARE, JESSE! NON PUOI DARGLIELA VINTA COSÌ!
È CHE SONO STANCO, TOPOLINO!
STANCO DI COMBATTERE PER DIMOSTRARE CHI SONO!
E ALLORA, FAGLI VEDERE CHI SEI!
DICI DAVVERO?
CERTO! E SE NON TI ACCETTANO...
... BE', IL PROBLEMA È TUTTO LORO!
Berlin 30km

QUALCHE CHILOMETRO DOPO, PERÒ...
UN POSTO DI BLOCCO!
ALT! AKKURATISPEZION!
Babelsberg
CREDI CHE STIANO CERCANDO NOI?
NO... NE SONO SICURO! GUARDA CHI C'È!
UACK!
LI RITROVEREMO, HERR SCHWARZFLECK!
LO SPERO PER VOI, VON LEGNENGAMB!
QUEI NEMICI DELLA ZIRCONIA NON DEVONO ARRIVARE A BERLINO... SOPRATTUTTO OWENS!
?
BEEP
BEEP
!

IL CRONOFONO DI ZAPOTEC!
SILENZIALO, ALLORA!
?
ZZZ
2012!
NON ORA, PROFESSORE!
MA ABBIAMO NOTIZIE, TOPOLINO... E NON SONO BUONE!
INCROCIANDO DATI SU TOPONET, ABBIAMO SCOPERTO CHE BLOT HA RUBATO LE MEDAGLIE DI ALCUNI EX-CAMPIONI!
TUTTE MEDAGLIE D'ORO, VINTE IN GIORNI MOLTO PARTICOLARI!
SNODI TEMPORALI, PER LA PRECISIONE! MOMENTI FONDAMENTALI PER LE STORIE DEI SINGOLI ATLETI!
SENZA QUELLE MEDAGLIE, LA LORO VITA SAREBBE STATA COMPLETAMENTE DIVERSA... E COSÌ LA NOSTRA!
ATENE
PARIGI
LONDRA
BERLINO
ROMA
MOSCA
SIDNEY
PECHINO

CHIUNQUE CI SIA DIETRO, VUOLE CAMBIARE...
DEVO LASCIARVI, PROFESSORE!
BECCATO, BÖSE MAUS!
ZIP
GULP!
PENSAVATE DI SFUGGIRMI, EH? AHR, AHR!
SÌ, DATE LE VOSTRE CAPACITÀ INTELLETTUALI!
NIENTE LIBERTÀ, PER VOI! VI TENIAMO IN PUGNO!
LO VEDREMO! SGRUNT!
...
FUGGITIVI E TRADITORI! BENE, BENE!
E TU, SCHWARZFLECK? O DOBBIAMO CHIAMARTI... BLOT!?
OHIMÈ! LO FECI PER AMORE!
PER FAVORE, BRIGITTA!

VOI SPARIRETE...
... E I MIEI UOMINI VINCERANNO LE TUE MEDAGLIE! IH, IH!
NON CAPISCO! VUOL DIRE CHE SE GAREGGIO... POTREI VINCERE?
CERTO, JESSE! NON POSSO DIRTI DI PIÙ...
... MA SAPPI CHE C'È IN BALLO IL NOSTRO FUTURO... E SOPRATTUTTO IL TUO!
DIPENDE TUTTO DA TE! VUOI CHE GLI ZIRCONIANI DECIDANO DELLA TUA VITA?
ZITTI, INUTILI!
EH, NO! ORA BASTA! IL MIO PAPERONUCCIO HA RAGIONE!
?!

SONO STANCA DELLE VOSTRE PREPOTENZE!
E CHE COSA FARETE, SCIOCCA PAPERA?
INVENTERÒ LA BOXE FEMMINILE!
AHI!
CIAF
ALL'ATTACCO, RAGAZZI!
CHE SODDI-SFAZIONE!
POW
ALLARME! A TUTTE LE UNITÀ!
UH, OH!
FUGGITE! IO LI TERRÒ OCCUPATI!
EHM... E POI?
ME LA CAVERÒ! MA PRIMA VOGLIO UN BACIO... DA CHI SO IO!
NEANCHE PER...

SMACK
NESSUN COMMENTO, INTESI?
EHI! DOV'È JESSE?
GLOM! SPARITO!
MA ABBIAMO BISOGNO DI LUI!
LOTTERÀ FINO ALLA FINE... O LA PAURA VINCERÀ?
VROOOM
VOGLIO MILLEMILA UOMINI CON ME!
CALMA, HERR LEGNENGAMB!
LI FERMEREMO A BERLINO, VEDRETE!
E UN'ALTRA MEDAGLIA FINIRÀ NELLE MIE MANI!

E così...
STA INIZIANDO LA GARA DI SALTO IN LUNGO!
JESSE DOVREBBE PARTECIPARE... MA NON È QUI!
CHE ABBIA DECISO DI ARRENDERSI? SAREBBE UN GUAIO... EPOCALE!
MAGARI ARRIVERÀ! CERCHIAMO DI GUADAGNARE TEMPO!
QUELLO NON È UN PROBLEMA... QUANDO C'È PIPPO! EH, EH!
NON USATE LO STILE FOSBURY? NON L'AVETE ANCORA INVENTATO?
?!

CATTURATE I NEMICI DELLA ZIRCONIA E DEL SUO DEMOCRATICISSIMO REGIME!
TRUMP TRUMP
GARAGULP!
E ADESSO VI ARRESTO... PERCHÉ SÌ!
EH, NO, INVECE!
NON POTETE ARRESTARE COSÌ UN PARENTE!
ALTRI SOVVERSIVI?
SEMPRE MEGLIO DI VOI! PESISTI, ALL'ATTACCO!
GLOM!
BONK
NON SAPETE CHE A OGNI EVENTO SPORTIVO È PRESENTE UNA RAPPRESENTATIVA PIPPIDE? YUK, YUK!
SEMBRANO AGGUERRITI!
THUD

ORA BASTA! IO...
OOOPS!
BONK
NON TUTTI I BERLINESI SONO ZIRCONIANI!
GRAZIE! EH, EH!
TOPOLINO!
JESSE!
FAGLI VEDERE CHI SEI!

E ORA... GLOM! MA NON L'AVEVAMO ELIMINATO E... EHM! SCUSATE! JESSE OWENS!
QUESTA GARA SARÀ MIA, OWENS!
QUANTO È SEMPLICE CAMBIARE LA STORIA! IH, IH!
EHI!
ZIP
THUD
NO!
E SIAMO TROPPO LONTANI PER FERMARLO!
QUESTO NON LO ACCETTO! DAMMI QUA!
UH?

BRUTTO FURF... OPS!
SWISH
GASP! PAURA!
ZAC
EHM... SCUSATE!
OUCH! INUTILE PIPPIDE!
BONK
"FAGLI VEDERE CHI SEI!"
"FAGLI VEDERE CHI SEI!"
"FAGLI VEDERE CHI SEI!"

"FAGLI..."
ZOOMP
"... VEDERE..."
"... CHI SEI!"

PRIMO CLASSIFICATO! SNORT!
HAI VINTO, JESSE!
D-DAVVERO?
GRAZIE, AMICO MIO!
SAPEVO CHE CE L'AVRESTI FATTA!
"INUTILE", EH?
"VITTORIA SICURA", EH?
GLOM!
MA DOVE VAI, IDIOTA?
A DISERTARE!
JESSE VINCERÀ LE ALTRE MEDAGLIE... DA SOLO! NOI DOBBIAMO TORNARE NEL 2012!
MANCANO POCHI MINUTI ALL'APPUNTAMENTO DELLE 12 ORE!

EHI, TOPOLINO!
?
NON VEDO L'ORA DI TORNARE AL GHERKIN!
IL GHERKIN? SENTI, SENTI!
ZAP
SPARITO! SEMPRE COSÌ, CON I PAPERI FASCINOSI! SIGH!
2012!
ECCOCI QUA!
E ORA, UN PISOLINO... AL PRESENTE!

MI DISPIACE, PAPERINO...
... MA NON È ANCORA FINITA!
LO SAPEVO! GROAN!
PERCHÉ, PROFESSORI? PUFF!
AVETE STRAPPATO ALCUNE MEDAGLIE AL NOSTRO MISTERIOSO NEMICO...
... MA A CAUSA DEI CONTINUI CAMBIAMENTI DEL FLUSSO TEMPORALE, NON POSSIAMO SAPERE QUALE MEDAGLIA CAMBIERÀ IL FUTURO!
DOVREMO INSEGUIRE TUTTE LE MEDAGLIE...E FERMARE QUEL FURFANTE IN OGNI OCCASIONE!
E VA BENE! DOVE E QUANDO?
PIÙ DI MEZZO SECOLO FA..
"... NELLA CITTÀ ETERNA!"
CLAP CLAP CLAP CLAP CLAP CLAP CLAP CLAP

11 ORE E 50 MINUTI DOPO...
INCREDIBILE, AMICI ASCOLTATORI! ABEBE BIKILA STA VINCENDO LA MARATONA... A PIEDI NUDI!
FORSE I TUOI SCIENZIATONI SI SONO SBAGLIATI!
NON È DA LORO, PAPERONE!
EPPURE BLOT1 NON È QUI!
MEGLIO CHIEDERE INFORMAZIONI A ZAPOTEC!
PROFESSORE? QUI BLOT1 NON C'È!
SEMPRE PIÙ INUSITATO, TOPOLINO!

PRIMA QUEL MARIUOLO ERA NELLE FOTO DEL 1960... E ORA NO! COM'È POSSIBILE?
SEMPLICE! ERA UNA TRAPPOLA!
?!
TU?!
EH, SÌ! IH, IH!
FATE TORNARE QUEGLI IMPIASTRI!
T-TOPOLINO? P-PREPARATEVI AL RITORNO!
E NIENTE SCHERZI!
ANCHE VOI! NON SONO IL TIPO CHE SI FA TURLUPINARE DAI RAGAZZINI!
AHI!

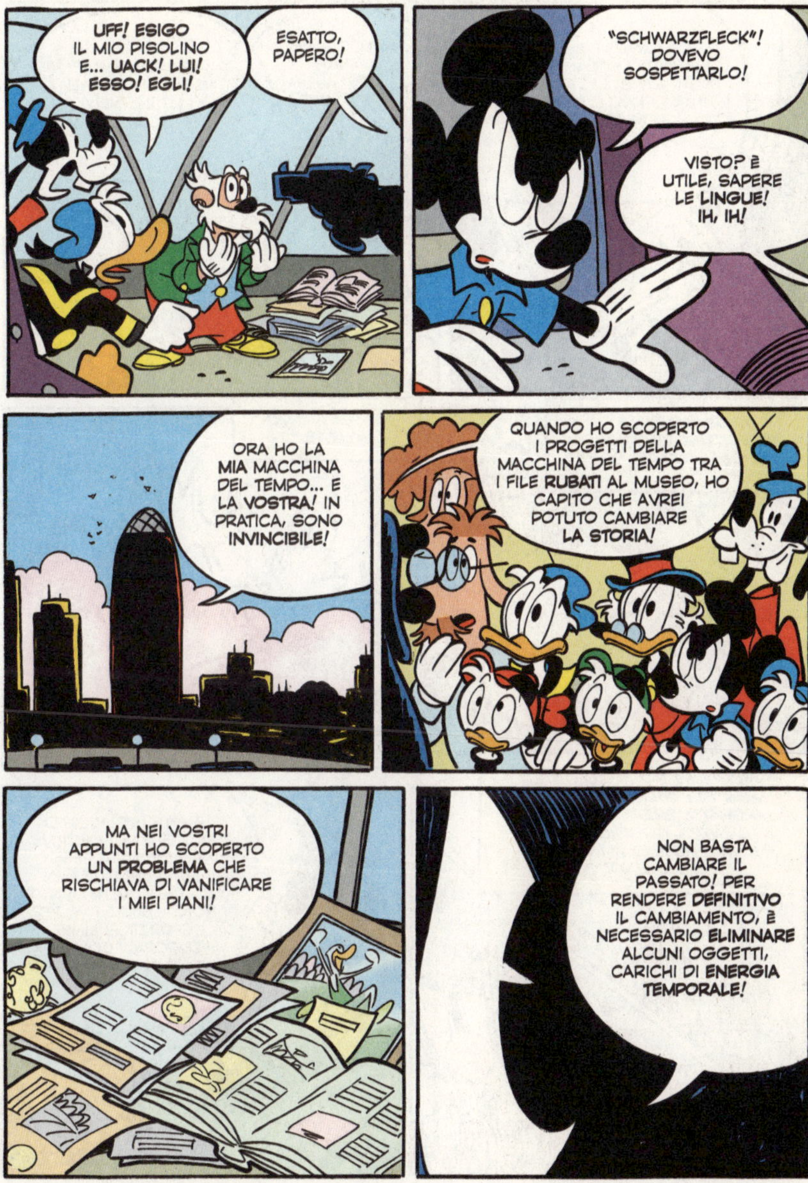

UFF! ESIGO IL MIO PISOLINO E... UACK! LUI! ESSO! EGLI!
ESATTO, PAPERO!
"SCHWARZFLECK"! DOVEVO SOSPETTARLO!
VISTO? È UTILE, SAPERE LE LINGUE! IH, IH!
ORA HO LA MIA MACCHINA DEL TEMPO... E LA VOSTRA! IN PRATICA, SONO INVINCIBILE!
QUANDO HO SCOPERTO I PROGETTI DELLA MACCHINA DEL TEMPO TRA I FILE RUBATI AL MUSEO, HO CAPITO CHE AVREI POTUTO CAMBIARE LA STORIA!
MA NEI VOSTRI APPUNTI HO SCOPERTO UN PROBLEMA CHE RISCHIAVA DI VANIFICARE I MIEI PIANI!
NON BASTA CAMBIARE IL PASSATO! PER RENDERE DEFINITIVO IL CAMBIAMENTO, È NECESSARIO ELIMINARE ALCUNI OGGETTI, CARICHI DI ENERGIA TEMPORALE!

OGGETTI CHE SEGNANO VITE INDIVIDUALI E STORIE COLLETTIVE, COSÌ IMPORTANTI CHE IL TEMPO STESSO RESTA... ATTACCATO A ESSI!
LE MEDAGLIE D'ORO!
PRECISAMENTE! NE HO DISTRUTTE ALCUNE NEL 2012...
"... RUBANDOLE AI LEGITTIMI VINCITORI, COME EMIL KATAKLOPP..."
THUD
"... O KWANTO KURRE!"
BUMP
"ALTRE MI SONO COSTATE MESI DI INFILTRAZIONI NEL PASSATO, CREANDO FALSE IDENTITÀ, COSTRUENDO IL MIO POTERE A MOSCA E BERLINO!"
AVETE INTRALCIATO I MIEI PIANI, CERTO! MA LE VIE DEL TEMPO SONO INFINITE E IN CONTINUO MUTAMENTO! NONOSTANTE I VOSTRI SFORZI, LE LINEE TEMPORALI CONVERGONO ANCORA VERSO IL MIO FUTURO!

MANCANO SOLO DUE MEDAGLIE! UNA OGGI, NEL 2012, E UNA NEL 1908, ALL'EVENTO MONDIALE DI LONDRA!
MA VOI NON LO SAPRETE, PERCHÉ VI SPEDIRÒ NEL PASSATO... SENZA RITORNO! IH, IH!
GASP!
SPEDITELI NELLA PREISTORIA, ZAPOTEC!
P-PERDONATEMI, AMICI MIEI!
CLUNK
SALUTATEMI I TIRANNOSAURI! IH, IH!
ZAAP
INIZIA COSÌ... IL MIO TRIONFO!

CONQUISTERÒ LE MEDAGLIE MANCANTI E LA STORIA DIVENTERÀ UNA TABULA RASA, PRONTA PER ESSERE RISCRITTA... DA ME!
DOMINERÒ IL MONDO DI IERI, DI OGGI... E SOPRATTUTTO DI DOMANI!
PAROLA DI MACCHIA NERA! AH! AH! AH!
AH AH AH AH AH AH AH AH AH AH AH AH
GARAGULP! MACCHIA NERA TRIONFANTE? I NOSTRI AMICI PAPPATI DAI DINOSAURI? MA DAVVERO? SCOPRITELO NELL'ULTIMA, TUMULTUOSA PUNTATA DI PAPERMEDAGLIE, CACCIA ALL'ORO!
FINE DELLA SECONDA PUNTATA

WALT DISNEY
PAPERMEDAGLIE,
TERZA PUNTATA
CACCIA ALL'ORO!
LONDRA IERI E OGGI
TOPOLINO, PIPPO, PAPERINO E PAPERONE SONO PERDUTI NEL PASSATO!
... PER CAMBIARE LA STORIA CON LA MACCHINA DEL TEMPO!
A MACCHIA NERA MANCANO SOLO DUE MEDAGLIE D'ORO...
TUTTO QUESTO, DURANTE L'EVENTO SPORTIVO MONDIALE DI LONDRA 2012!
LO SCONTRO FINALE STA PER INIZIARE... PRONTI? VIA!
CHISSÀ DOVE SIAMO!
I-2953-3

MACCHIA NERA CI HA NARCOTIZZATO...
SIAMO PERDUTI! PERDUTISSIMI!
TRAVESTIMENTI CRIMINOSI
LONDON 2012
ARMI SUPER PERICOLOSE
... E CI SIAMO RISVEGLIATI QUI!
VEDIAMO CHI... UH, OH!
MACCHIA NERA È UN FENOMENO! CI FA EVADERE...
... E PRETENDE CHE SIAMO NOI A SBARAZZARCI DEGLI IMPICCIONI NELLA STIVA!
"PERSINO VOI POTETE FARCELA", HA DETTO!
QUANTA STIMA, EH?
DOBBIAMO FUGGIRE E RITROVARE ZIO PAPERINO E GLI ALTRI!
"MA CHISSÀ DOVE SONO FINITI! O MEGLIO, QUANDO?"
NON SONO UN ESPERTONE, MA SECONDO ME SIAMO A LONDRA!

Londra
MA LA CITTÀ È... INVECCHIATA!
DI CENTO-QUATTRO ANNI, PRECI-SAMENTE!
BIGLIETTI PER LA QUARTA COMPE-TIZIONE SPORTIVA MONDIALE DELL'ERA MODERNAAA!
SE NON ALTRO, NON SIAMO NEL CRETACEO!
ZAPOTEC CI HA SALVATO, PAPERONE!
"HA CAMBIATO DATA ALL'ULTIMO MOMENTO... SPEDENDOCI QUI!"

MA NON ABBIAMO IL CRONOFONO E SENZA QUELLO NON POSSIAMO TORNARE DOPO 12 ORE!
POVERI PROF! POVERI RAGAZZI! POVERO BATTERISTA... EHM... BATTISTA!
SONO CERTO CHE CI AIUTERANNO A TORNARE! INTANTO, TOCCA A NOI! ANCHE NEL 1908 A LONDRA SI SONO SVOLTE LE GARE SPORTIVE MONDIALI ...
... E MACCHIA STA CERCANDO UNA MEDAGLIA PROPRIO QUI*!
* VEDI EPISODIO PRECEDENTE.
2012!
PROPRIO NEL 1908? SGRUNT!
QUELLO ZAPOTEC HA RIMESSO IN GIOCO TOPOLINO E GLI ALTRI! IL MIO PIANO È A RISCHIO!
VORRÀ DIRE CHE CHIEDERÒ AIUTO A PERSONE DI CUI POSSO FIDARMI... COME DI ME STESSO! IH, IH!

INTANTO, SUL TAMIGI...
INDOVINA CHI SONO?
NONNO BASSOTTO! YAWN!
UFF! LE SAI TUTTE!
AVETE SALVATO I NOSTRI AMICI, ZAPOTEC... MA ORA SIAMO PRIGIONIERI!
E IO NON SO SCASSINARE LE PORTE!
IO SOFFRO DI CLAUSTROFOBIA!
IO NON SO NUOTARE!
BE'...
... ALLORA CI PENSEREMO NOI!
IL CORSO DI EVASIONE DAI CATTIVACCI DELLE G.M. È SEMPRE UTILE!
CRAK
MA GUARDA! I CAMPIONI DI "FICCANASISMO"!
UACK!
VAI CON IL RUGBY, ALLORA!
AHIO!
STUMP

75

VOI FUGGITE... NOI LI TENIAMO OCCUPATI!
PRESTO, BATTISTA!
EHI, VOI!
UH?
SCUSATE, MA ANDIAMO DI FRETTA!
SÌ, MA... DOVE?
OSSEQUI, ALBIONICO PESCATORE!
ULP!
MACCHIA NON SARÀ CONTENTO! GLOM!
TACI E PENSA AL RIACCHIAPPO, FRATELLO!

VROOM
DILEGUIAMOCI, FRATELLI!
SPERONATELI!
POT POT
E ORA... VIRATA IMPROVVISA!
UAO!
VRRR
VI PRENDO! AH, SE VI PRENDO!
B-BASTA CHE TU NON PRENDA QUEL PILONE!
KATAKRAAK
YU-UUUH! VITTORIA... NAVALE! EH, EH!
GARAGULP!

77

ARRENDETEVI A NOI, NOVELLI NELSON A TRAFALGAR!
BAH! SPLUT!
CHIAMATE LA POLIZIA, PLEASE! DOBBIAMO SVENTARE UNA COSPIRAZIONE TEMPORALE!
SE LO DITE VOI...
1908!
1908 Marathon
LA MARATONA! È FORSE QUESTA LA GARA CHE INTERESSA A MACCHIA?
LO SPERO PROPRIO!
CHE ORGANIZZAZIONE... CASERECCIA!
E CHE MUTANDONI! YUK, YUK!
È UNO DEI PRIMI EVENTI SPORTIVI MONDIALI DELL'EPOCA MODERNA, PAPERONE! POCHI GIORNALISTI... E NIENTE SPONSOR!
GASP! CHE EPOCA BUIA!

78

TUTTI GLI ATLETI SONO DILETTANTI! COME DICE IL BARONE DE COUBERTIN...
L'IMPORTANTE È PARTECIPARE!
MA VINCERE È MEGLIO!
OPS! SCUSATE!
SCUSATEMI VOI, SIGNORE!
DORANDO PIETRI, MARATONETA AUTODIDATTA, DA CARPI, ITALIA!
PIPPO, CAMMINATORE LENTO, DA TOPOLINIA! YUK, YUK!
CONOSCI QUEL TIPO?
STORICAMENTE, SÌ! CHE SIA LUI, L'OBIETTIVO DI MACCHIA?
UACK! HAI V-VISTO?
CHE COSA?

MACCHIA NERA! NON UNO... MA TANTI!
GULP!
GOOD MORNING, IMPIASTRI!
IL NOSTRO CUGINETTO DAL FUTURO CI HA PORTATI QUI, DA ALTRI LUOGHI E ALTRI TEMPI...
... PER IMPEDIRVI DI ROVINARE I SUOI PIANI!
UACK!
EHI!
SARÀ ANCHE UN PASTICCIONE, MA È MIO NIPOTE!
OUCH!
BONK
G-GRAZIE, ZIONE!
FUGA RAPIDA, AMICI!
TUTTI NEL FURGONE!

SALVE! HORACE E CLARYBELLE MAC COLLAR, DA GLASGOW!
?
EHM... POTETE PRESTARCI IL FURGONE?
VE LO VENDIAMO!
POT POT
ZIO PAPERONE, PENSACI TU!
2012!
TUTTO È PRONTO PER L'ULTIMA GARA IN PROGRAMMA: LA MARATONA!
ANCH'IO SONO PREPARATISSIMO! IH, IH!
LONDON 2012
GADGET E TRAVESTIMENTI SONO PRONTI... MANCA SOLO IL TOCCO FINALE!
FERMO!
BZAPT
UN TASER IMMOBILIZZANTE? MA CHE COSA...

È LUI! PRENDETELO!
UMPF!
RIPORTA A CASA I NOSTRI ZII!
SAPETE CHE COSA VI DICO, FASTIDIOSI ANATROCCOLI?
BYE - BYE!
FERMATELO!
KRAASH
PERFETTO! E ORA... AL SABOTAGGIO! IH, IH!
FLOP

E ADESSO?
È TROPPO TARDI PER FERMARLO!
MA POSSIAMO SCONFIGGERLO... IN UN'ALTRA EPOCA! TROVATE MAPPE, STRADARI E LIBRI DI STORIA... DAL 1908 A OGGI!
1908!
È IN TESTA DIDIER LE FIATON... E SEMBRA TUTTO NORMALE!
QUATTORDICI, NON UNO DI PIÙ!
QUINDICI SCELLINI!
10 → Km
TU NON VINCERAI!
PARBLEU!
NEANCHE TU, SE È PER QUESTO!
GAAAK!

A LUI PENSO IO!
TORNEREMO A PRENDERTI, PAPERONE!
2012!
IL CAMPIONE STUSI ABUJANEN STACCA TUTTI!
10 Km
AHIA!
BONK
CHIAMATE UN MEDICO! AHIA!
UN ALTRO FAVORITO FUORI GIOCO...
... E LA MIA VITTORIA SI AVVICINA!
!
INTANTO, AL GHERKIN...
MACCHIA NERA HA PORTATO QUI ANCHE LA SUA MACCHINA DEL TEMPO! ORA, QUINDI, NE ABBIAMO DUE!

SAPPIAMO CHE I NOSTRI AMICI SONO A LONDRA NEL 1908... MA NON DOVE! ECCO PERCHÉ, PER RINTRACCIARLI, SPEDIREMO UNA MACCHINA DEL TEMPO... NEL TEMPO!
1908!
DORANDO PIETRI È IN TESTA!
20 Km.
SEDICI SCELLINI...
MA CHE COSA HANNO IN MENTE I MACCHIA?
ALT!
OUCH!
RUMBLEE
A LUI PENSO IO! VOI ANDATE AVANTI!
ATTENTO, PAPERINO!

CREDI DAVVERO DI POTERMI BATTERE? IN FAMIGLIA SIAMO SUPERCRIMINALI DA GENERAZIONI!
UNO CI PROVA! GARGLE!
CE LA FARÀ?
LO SPERO, PIPPO! MA NOI DOBBIAMO FERMARE MACCHIA... O TUTTO QUESTO SARÀ INUTILE!
NEL 2012, INTANTO...
CONDUCE LA CORSA IL GALLESE COLWYN PERDYFIAT!
30 Km. MARATHON
COLPO DI SCENA! UN MISTERIOSO NUOVO ATLETA È IN TESTA!
BUMP
30 Km. MARATHON
AL GHERKIN, PERÒ...
ZAAP
MISSIONE COMPIUTA, CARO ZAPOTEC!
ABBIAMO SPEDITO UNA MACCHINA DEL TEMPO NEL 1908!
VI OFFENDETE SE DICO CHE NON CI HO CAPITO NULLA?

ORA, INVECE, USIAMO L'ALTRA MACCHINA DEL TEMPO PER SEMINARE INDIZI PER I NOSTRI AMICI NEL 1908!
UH? AH, CERTO!
FA FINTA DI AVER CAPITO
COSÌ TOPOLINO E GLI ALTRI POTRANNO RITROVARE LA PRIMA MACCHINA... E TORNARE QUI!
TE LO SPIEGHIAMO NOI, BATTISTA!
1908!
INCREDIBILE, SIGNORE E SIGNORI! 32 CORRIDORI RITIRATI PER CAUSE DI FORZA MAGGIORE!
PER COLPA DEI MACCHIA, SEMMAI!
30° Km
POT POT
DORANDO PIETRI È DISTRUTTO... MA NON MOLLA! È UN VERO EROE!
È CHIARO CHE MACCHIA VUOLE LA MEDAGLIA DELLA MARATONA! MA QUALCOSA NON TORNA!
HAI VISTO, TOPOLINO?

"SOLO FINO ALLE 6 DI OGGI"... GARAGULP!
Lost in the Past?
Try The Really Helpful
Time Machine
Wells, Zapotec & Marlin Inc.
Ladbroke Grove, 76
Today-Only Till 6 PM!
BRAVO, ZAPOTEC! ORA POSSIAMO TORNARE A CASA... DOPO AVER FINITO IL LAVORO!
?!
INTANTO...
UACK! HAI VISTO, NIPOTE?
NO, CHE COSA?
LOST in the PAST Time Machine
UNA SCORCIATOIA PER IL FUTURO! CORRI!
CIOÈ?
2012!
PUFF! LA MARATONA È FATICOSA... ANCHE QUANDO SI BARA!
MA È L'ULTIMO SFORZO...

... PRIMA DEGLI APPLAUSI! GODETEVI QUESTO MONDO... PERCHÉ SENZA MEDAGLIE, CAMBIERÀ PER SEMPRE! IH, IH!
VINCERÒ LA MEDAGLIA D'ORO E LA BRUCERÒ NEL BRACIERE! NEL 1908, INTANTO, I MIEI ANTENATI ELIMINERANNO L'ULTIMA MEDAGLIA...
... CHE NON È QUELLA CHE CREDE TOPOLINO!

1908!
DORANDO È STREMATO...
... MA RESISTE! CHE SPIRITO SPORTIVO!
CI TENIAMO IL FURGONE E PROSEGUIAMO PER GLASGOW! SEE YOU!
GRAZIE, AMICI!
DOVREMO CONTINUARE A PIEDI E... GULP!
ORA BASTA, FICCANASO!
RESISTI, PIPPO!
E CHE COSA SUCCEDE A DORANDO?
ALTRI MACCHIA?
NO, SONO GIUDICI DI GARA! SI SONO IMPIETOSITI E LO STANNO AIUTANDO!

PER QUESTO MOTIVO DORANDO VINCERÀ L'ORO, MA SARÀ SQUALIFICATO!
"IL SUO CORAGGIO, PERÒ, RESTERÀ NELLA STORIA!"
"MA PERCHÉ MACCHIA VUOLE LA MEDAGLIA DI DORANDO? NON PUÒ NON SAPERE CHE DORANDO SARÀ SQUALIFICATO!"
"A RIGOR DI LOGICA DOVREBBE PRENDERE QUELLA DEL SECONDO ARRIVATO, DIVENTATO PRIMO DOPO LA SQUALIFICA!"
"A MENO CHE..."
HO CAPITO!
STUMP

LA MEDAGLIA DI DORANDO È FONDAMENTALE ANCHE SE NON GLI È STATA ASSEGNATA...
POW
... PERCHÉ HA CAMBIATO LA SUA VITA E LA STORIA DELLO SPORT!
PRENDETE QUELLA MEDAGLIA!
FERMATELI! VOGLIONO RUBARLA!
MA CHE...
MA CHE COSA SUCCEDE?
NON POSSO DIRTI TUTTO, DORANDO, MA SAPPI CHE...
... QUALUNQUE COSA SUCCEDA... LA GLORIA SPORTIVA SARÀ TUA PER SEMPRE!
!

NON FINISCE QUI! NOI SIAMO **OVUNQUE!**
MA IL VOSTRO PIANO È FALLITO, SENZA LA MEDAGLIA!
TOPOLINO! PIPPO! ABBIAMO TROVATO LA MACCHINA DEL TEMPO E...
ANCHE NOI! MA SBRIGHIA-MOCI!
PRESTO! TUTTI A **LADBROKE GROVE**, A **NOTTING HILL!**
MA COME HA FATTO LA MACCHINA DEL TEMPO AD ARRIVARE QUI?
ZAPOTEC L'HA **NASCOSTA** QUI, **PRIMA** DEL NOSTRO ARRIVO...
Time Machine inc.
H.G. Wells Inc.
... PER **RIPORTARCI** A CASA!
PARADOSSI TEMPORALI! NON LI CAPISCO... MA **MI PIACCIONO!**
ZAPOTEC CI HA LASCIATO ANCHE LE **ISTRUZIONI!** TUTTI DENTRO... SI TORNA NEL 2012! MISSIONE COMPIUTA!

NE SEI PROPRIO SICURO, PAPERONE?
MI SPIACE! SIETE SQUALIFICATO!
SIGH!
HA VINTO! È UN'INGIUSTIZIA!
LE REGOLE SONO REGOLE, SIGNOR CONAN DOYLE!
MA SE HAI UNA MACCHINA DEL TEMPO, PUOI TORNARE NEL PASSATO E... SISTEMARE LE COSE! IH, IH!
2012!
PER QUESTO SONO SICURO DI VINCERE!
IL MONDO STA GIÀ CAMBIANDO! POCHI MINUTI... E ADDIO, 2012!

DOVETE ASPETTARE LA PREMIAZIONE!
SÌ, COME NO! IH, IH!
ZIP
SEI MIA! MIA! SOLO MIA! ORA BASTERÀ DISTRUGGERLA E...
O FORSE NO, MACCHIA!
ANCORA VOI?!
CERTO! TUTTI INSIEME... A DIFENDERE LO SPIRITO SPORTIVO!
NON BASTERÀ, TOPOLINO! IH, IH!
FERMO!
E ORA...
NOOO!

SIIT!
CE L'HO FATTA! NULLA FERMERÀ IL MIO FUTURO! SENZA MEDAGLIE, CREERÒ ALTRE LINEE TEMPORALI... DOMINATE DA ME!
EMBÈ? NON SUCCEDE NULLA?
MA... MA...
CERTO CHE NO, MACCHIA! E SO ANCHE PERCHÉ!
TU NON HAI VINTO QUELLA MEDAGLIA! HAI BARATO!
E NE VADO FIERO! E ALLORA?
QUELLA MEDAGLIA NON È FRUTTO DI FATICA, IMPEGNO, SUDORE! SENZA I NOSTRI SOGNI... NON È CHE UN PEZZO DI METALLO!

IL TUO PIANO TANTO ELABORATO È FALLITO, PERCHÉ MANCA UN ELEMENTO FONDAMENTALE: IL CUORE!
GASP!
VITTORIA, ALLORA! YU-UUUH!
SEGUITECI!
AVEVO PREVISTO TUTTO... TUTTO!
ABBIAMO VINTO NOI! E LUI NO!
YUK, YUK!
"SOLO" UN PEZZO DI METAL-LO? MA È ORO!
SÌ... MA COME RIMEDIEREMO A TUTTI QUESTI ANACRONISMI? ORMAI, IL MONDO INTERO SA DELLA MACCHINA DEL TEMPO!
HO GIÀ UN PIANO, TOPOLINO!

BASTERÀ UN ULTIMO VIAGGIO NEL TEMPO E...
GENIALE!
QUALCHE MESE PRIMA, INFATTI...
TROVATO!
SONO ENTRATO VIA TOPONET NEL SERVER DEL MUSEO DI TOPOLINIA! E QUESTI PROGETTI, CHE COSA SONO?
SEMBRA UNA MACCHINA DEL TEMP... OUCH!
BONK
PRONTO, POLIZIA? TROVERETE UN NOTO FURFANTE A CAMDEN TOWN...
... E SENZA MACCHIA, TUTTO TORNERÀ A POSTO!
RIMETTI A POSTO IL PRIMO EVENTO... E IL RESTO NE CONSEGUIRÀ! EH, EH!

98

NOI, PERÒ, RICORDIAMO TUTTO!
ANCORA PER POCO! IL FLUSSO TEMPORALE ANNULLERÀ I CAMBIAMENTI PIÙ GRANDI, INGLOBANDO QUELLI PIÙ TRASCURABILI... COME LA NOSTRA PRESENZA QUI A LONDRA!
QUINDI, DIMENTICHEREMO TUTTO?
SÌ, PURTROPPO! NESSUNO RICORDERÀ LA VOSTRA IMPRESA!
NON È SEMPRE COSÌ, NIPOTE? ALLA FINE, UN'ORA DOPO L'ALTRA... **TUTTO** SI PERDE NEL TEMPO!
FORSE È DAVVERO COSÌ...
"... O FORSE, QUALCOSA RESTERÀ!"

"ALMENO, È BELLO PENSARLO!"
?
SALVE! BELLA SERATA, VERO?
MI STO ALLENANDO PER LA COMPETIZIONE MONDIALE, SAPETE?
MA È GIÀ INIZIATA...
NON QUELLA DEL 2016! CI SARÒ ANCH'IO A RIO DE JANEIRO, VEDRETE!
!
ECCO QUELLO CHE CONTA DAVVERO! NON LE MEDAGLIE, I SOLDI, GLI SPONSOR...

... MA I NOSTRI SOGNI!
I GIORNI PASSANO, TRA COSE BELLE E MOMENTI TRISTI.
GLI ANNI SCORRONO TRA MODE, RECORD E CHIACCHIERE.
GRANDI IMPRESE E PICCOLE SCIOCCHEZZE RIEMPIONO LE NOSTRE ORE.
TUTTO DIVENTA UN RICORDO. CHE A VOLTE SVANISCE.
MA I NOSTRI SOGNI NON SE NE VANNO.
RESISTONO A TEMPESTE E CAMBIAMENTI.
CERCANO IL VENTO PIÙ ALTO, E VOLANO LIBERI.
NESSUNO LI CANCELLA.
MAI.
FINE

PABLO PAPERIÑO E L'INTRIGO DELLA QUADRENGA
WALT DISNEY
IN SPAGNA CORRE IL DICIOTTESIMO SECOLO... E NELLA CITTA' DI PAPELONA STA PER CORRERE ANCHE QUALCUN ALTRO!
GENTILI SPETTATORI, STA PER AVERE INIZIO LA GARA NAZIONALE DI QUADRENGA! ENTRINO GLI ATLETI, E CON LORO IL CAMPIONE FRA I CAMPIONI... PABLO PAPERIÑO!

GRAZIE, MIO PUBBLICO! GRAZIE!
CLAP
CLAP
CLAP
CLAP
CHE EMOZIONE, ZIO PAPERON! È LA PRIMA VOLTA CHE SI ESIBISCE QUI A PAPELONA!
SNORT! PER QUESTO IL BIGLIETTO COSTA COSÌ TANTO!
I PRODI ATLETI SI SFIDERANNO IN QUATTRO SPECIALITÀ! SI PREPARINO PER LA PRIMA...LA CORSA BREVE!
PRONTI?...
...VIA!
ZUM
WOSSSSSSH
IL CAMPIONE PABLO PAPERIÑO ARRIVA PRIMO!
CLAP
SNAP
CLAP
ZUMMM

104

ANCHE STAVOLTA PER ZIO PABLO SARA' UNA PASSEGGIATA!
SPOGLIATOI
COSI' SEMBRA! ECCO LA SUA ASTA PER LA **REBALTERA!**
BRAVO! VIVA PABLO!
CLAP
CLAP
CLAP
CLAP
APPLAUSI A SCENA APERTA! EH, EH!
E DEVE ANCORA CIMENTARSI CON LA SUA SPECIALITA' PREFERITA...

"...IL BALZO DOBLE!"
OOOOOH!
BONK
UUUUUH!
BINK
QUINDICI BRACCIA E MEZZO! VINCE PABLO PAPERIÑO!
CLAP CLAP CLAP
E ANCHE L'ESCAPADA LONGA SI CONCLUDE CON LO STESSO RISULTATO!
PANT... PUFF...
SNAP

COME SONO ANDATO, RAGAZZI?
HAI FATICATO PIU' DEL SOLITO...
PERO' I TUOI AVVERSARI HANNO SUDATO MOLTO DI PIU' PER STARTI DIETRO! EH, EH!
PANT... PUFF...
ANF... ANF...
LA SEÑORITA **MELITA PAPERITA** PREMIA GLI ATLETI!
OH, CHE DORATA VISIONE!
SIETE UN VERO CAMPIONE, **PABLO!**
E VOI UN VERO INCANTO, **MELITA!**
UH-OH... COLPO DI FULMINE IN VISTA...
...E **GUAI** IN ARRIVO! **GLOM!**

PIU' TARDI, A CASA DI PABLO...
UMPF! NOI LAVIAMO, PULIAMO E RIORDINIAMO...E LUI SOSPIRA!
PURTROPPO NON SI LIMITA A SOSPIRARE! QUANDO E' INNAMORATO MANGIA IL DOPPIO!
LETTERA DA DON PAPERON, FRATELLI!
CI MANCAVA SOLO QUESTA!
YU-UUUH!
EHI! QUESTO NON E' IL SOLITO URLO...
"...CHISSA' CHE COSA E' SUCCESSO!"
PERDONATECI, MA A NOI DEL CIRCOLO SEMBRA INCREDIBILE!
POSSO CAPIRE, MA E' COSI'!
CIRCOLO DOS RICCONES
OSPITERO' IL GRANDE PABLO A MIE SPESE PER FARLO GAREGGIARE ANCORA QUI A PAPELONA!
QUESTA GENEROSITA' VI FA ONORE, DON PAPERON!

IL COLLEGA HA RAGIONE! VI PROPORRO' COME FINANZIERE DELL'ANNO!
OTTIMA SCELTA! EH, EH!
GRRR!
NON LO SOPPORTO QUANDO **SI PAVONEGGIA** IN QUEL MODO!
TUTTI LO CREDONO UN BENEFATTORE, MA SI COMPORTA COSI' SOLO PERCHE' PABLO PAPERIÑO GLI FARA' GUADAGNARE INTERE CASSE DI PESETAS!
E' UN'OTTIMA IDEA!
CHE COSA?
EHM... **OTTIMA** PER CACCIARSI NEI GUAI!
GASP! CHE COSA SUCCEDE?
SCREEEEEEEEK

CHE COSA FA TUTTA QUELLA GENTE?
ASPETTA PABLO PAPERIÑO, SIGNORE! QUESTO E' IL SUO ALBERGO!
HOTEL LOS CACTUS
DOPPIO E TRIPLO **SGRUNT!** MUOVETEVI! HO MOLTE COSE DA FARE!
DOBBIAMO TROVARE UN MODO PER USCIRE DI QUI EVITANDO GLI AMMIRATORI!
GIÀ! VORREI ARRIVARE AL CAMPO DI ALLENAMENTO SENZA ESSERE INSEGUITO!
NOI ABBIAMO UN'IDEA... MA TI COSTERÀ QUALCHE **PESETA!**
SNORT! D'ACCORDO!
ALL'OPERA, FRATELLI!
DLIN DLIN

E COSI'...
SERVIZIO LAVANDERIA! FATE LARGO!
FERMO LI'! SECONDO ME E' UN TRUCCO!
CONTROLLATE PURE, SE NON MI CREDETE!
GULP! SOLO STRACCI!
CHI CREDEVATE DI TROVARE? PABLO PAPERIÑO?
LI ABBIAMO EVITATI! BELLA MOSSA, NIPOTI!
CORRIAMO ALLO STADIO!
HOTEL LOS CACTUS
USCITA DI SERVIZIO
POCO DOPO...
STA CORRENDO CON UN OTTIMO TEMPO!
BASTA CHE NON ALZI LO SGUARDO SULLE TRIBUNE!
PUFF... PANT...

SEI SICURA CHE NESSUNO CI ABBIA NOTATO? SE TUO ZIO SAPESSE CHE SEI QUI...
L'UNICO DA CUI VORREI FARMI NOTARE STA CORRENDO LAGGIU'!
EHI! MA QUELLA E' MELITA!
OH, NO! L'HA VISTA!
STONK
UNA VISIONE IMPROVVISA, COME LA PRIMA STELLA DELLA SERA!
RIMANDA LA POESIA A DOPO L'ALLENAMENTO!

112

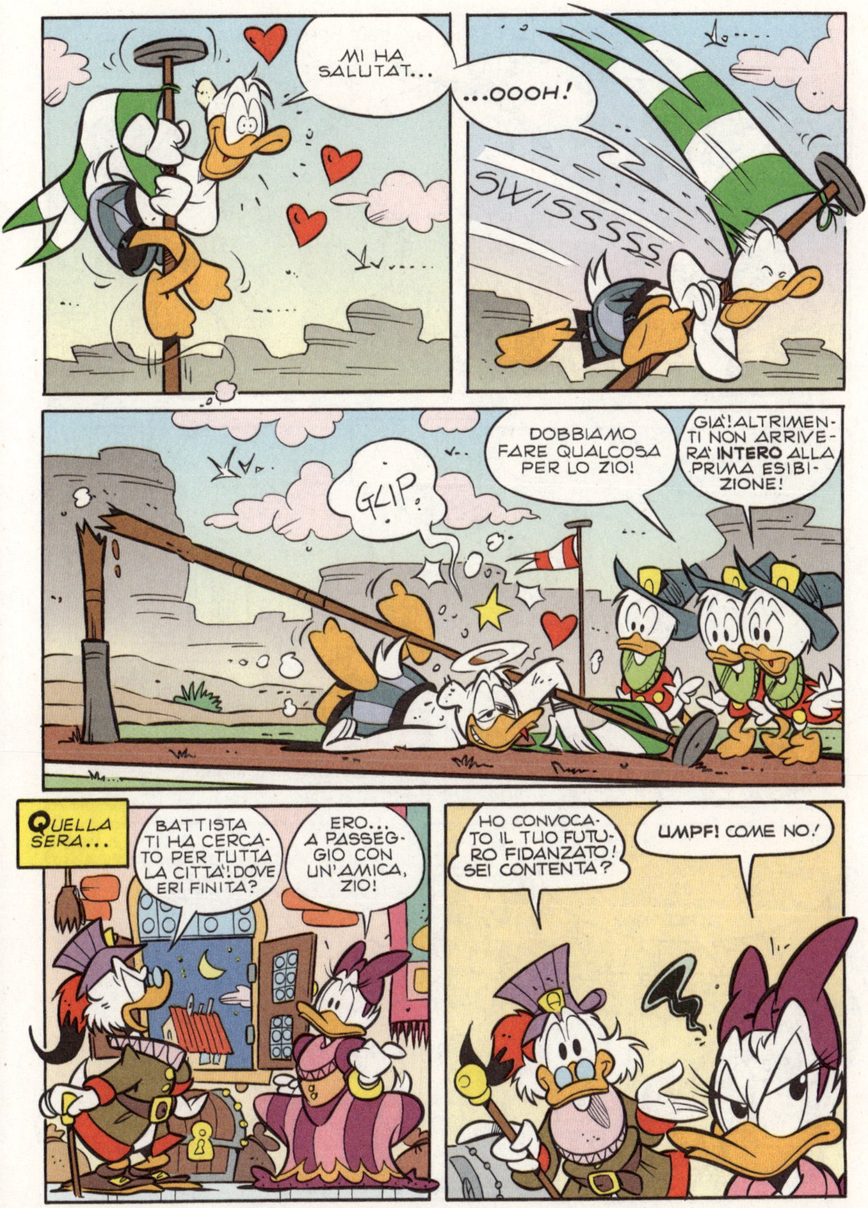
MI HA SALUTAT...
...OOOH!
SWISSSSS
GLIP
DOBBIAMO FARE QUALCOSA PER LO ZIO!
GIÀ! ALTRIMENTI NON ARRIVERÀ INTERO ALLA PRIMA ESIBIZIONE!
QUELLA SERA...
BATTISTA TI HA CERCATO PER TUTTA LA CITTÀ! DOVE ERI FINITA?
ERO... A PASSEGGIO CON UN'AMICA, ZIO!
HO CONVOCATO IL TUO FUTURO FIDANZATO! SEI CONTENTA?
UMPF! COME NO!

CARO DON GASTON, CHE PIACERE RIVEDERVI!
SIETE SEMPRE INCANTEVOLE, DILETTA!
PFUI! RISPARMIATEVI LE SMANCERIE!
NON ESSERE COSÌ SCONTROSA, NIPOTE MIA! DON GASTON VUOLE SOLO ESSERE GALANTE!
INTANTO...
I PETTEGOLEZZI ERANO VERI, DUNQUE! CORRO A RIFERIRE!
L'AVARASTRO CONTA DI SFRUTTARE LE ESIBIZIONI DI PABLO PAPERIÑO E IL FIDANZAMENTO DELLA NIPOTE PER DIVENTARE IL FINANZIERE PIÙ IN VISTA DI PAPELONA!
MA PRIMA DOVRÀ FARE I CONTI CON DON ROGER DUCAS!

NEL FRATTEMPO, NELL'ALBERGO DEL CAMPIONE...
COME POSSO FARE A DICHIARARMI?
NOI ABBIAMO QUALCHE IDEA, ZIO PABLO!
NATURALMENTE, PERÒ...
...MI COSTERÀ QUALCHE PESETA, COME AL SOLITO!
QUELLA SERA...
RAPITO M'HAI IL COR... PRIGIONIERO DELL'AMOR...
GLAB! CHE COS'È QUESTO LATRATO?
DOLCE MELITA, ACCETTATE IL MIO UMILE OMAGGIO MUSICALE!
OH! ERA...EHM... MUSICA, QUELLA?
ATTENTI, RAGAZZI! C'È UN IMPREVISTO!

GRRR! WOF! GROWL!
UACK! CHE COSA VOGLIONO DA NOI?
F-FORSE NON HANNO GRADITO LA CANZONE!
FIUUU... SALVI PER UN PELO!
SPERO CHE LA VOSTRA PROSSIMA IDEA SIA UN PO' MENO PERICOLOSA!
E COSÌ...
MELITA VIENE OGNI GIORNO A CAVALCARE IN QUESTO PARCO!
VI INCONTRERETE... PER PURO CASO!
COME SAPETE CHE VERRA' PROPRIO QUI?
ABBIAMO AMICI BEN INFORMATI, IN CITTA'!
INFATTI...
PERDONATE IL TRAMBUSTO DELL'ALTRA NOTTE! VOLEVO SOLO...
NON SCUSATEVI! NESSUNO MI AVEVA MAI DEDICATO UNA SERENATA!

116

SIETE FAMOSO IN TUTTA LA SPAGNA! CHISSÀ QUANTE AMMIRATRICI AVETE AVUTO!
EH, EH! IN EFFETTI...
E A TUTTE AVETE DEDICATO UNA SERENATA?
NIENT'AFFATTO! VOI SIETE LA PRIMA E UNICA!
SAPETE, NOI RAGAZZE DI PAPELONA SIAMO MOLTO GELOSE!
SI È GELOSI QUANDO SI È INNAMORATI!
EHM... HO DETTO QUALCOSA CHE NON VA?
OH, NO! ANZI, È LA VERITÀ! SIGH!
IL PROBLEMA È CHE IO SONO QUASI FIDANZATA CON DON GASTÓN DE LA SUERTE!
NON LO CONOSCO!

"POSSIEDE CASE E TERRENI IN TUTTA LA CITTA' E PASSA IL TEMPO A GODERSI IL PATRIMONIO!"
E' IL GIOVANE PIU' RICCO DI PAPELONA...
...E QUANDO SI TRATTA DI RICCHEZZA, MIO ZIO NON AMMETTE CONCORRENTI! PER QUESTO DEVO FIDANZARMI CON LUI!
FORSE C'E' IL MODO PER EVITARLO!
FIDANZATEVI CON ME, DOLCE MELITA!
GULP! IO N-NON SO CHE COSA D-DIRE...
NON POSSO NEGARE DI PROVARE QUALCOSA PER VOI, MA...
NIENTE "MA"! DOPO L'ESIBIZIONE DI DOMANI ANDRO' DA VOSTRO ZIO E GLI FARO' CAMBIARE IDEA!

E COSI'...
CLAP
CLAP
CHE COSA ?! VORRESTI FIDANZARTI CON MIA NIPOTE?
ESATTO!
NON MI RITENETE ALL'ALTEZZA?
BRAVO! HAI INDOVINATO!
ADESSO FILA! DEVI AFFRONTARE ALTRE QUATTRO ESIBIZIONI! NON HO NESSUNA INTENZIONE DI RIMBORSARE I BIGLIETTI!
SGRUNT! AVETE UN SACCO DI PESETAS AL POSTO DEL CUORE!
PUO' DARSI! L'IMPORTANTE E' CHE ARRIVINO ANCHE NELLE TASCHE!
PER VOSTRO ZIO SONO SOLO UN FENOMENO DA SFRUTTARE PER GUADAGNARE DENARO!
LO SO, MA FORSE C'E' UN MODO PER CONVINCERLO!

INFATTI...
DEVO PARLARVI!
SBRIGATI! STAI DISTURBANDO IL MIO BAGNO AUREO!
SFIDERO' DON GASTON IN UNA QUADRENGA APERTA AL PUBBLICO DI PAPELONA! A VOI RIMARRA' TUTTO IL GUADAGNO!
UHM... UNA SFIDA PER AMORE? AL PUBBLICO DOVREBBE PIACERE!
COSI' LA TRADIZIONE E' SALVA... E IL GUADAGNO ANCHE! ACCETTO!
POCO DOPO...
CHE COOOSA? DEVO AFFRONTARE PABLO PAPERIÑO IN UNA QUADRENGA?
PROPRIO COSI'!

NON HO SPERANZE! LUI E' UN **CAMPIONE!**
MA TU HAI LA **FORTUNA,** NO? QUESTO E' IL MOMENTO DI USARLA!
SPERO PROPRIO CHE SIA UNA BELLA SFIDA! I BIGLIETTI PER VEDERVI COSTERANNO MOLTO!
SGRUNT!
EHM... SCUSATE, DON GASTON!
UH?
PASSAVO DI QUI E NON HO POTUTO EVITARE DI ASCOLTARE!
CHE COSA VOLETE?
SONO QUI PER FARVI UNA PROPOSTA! CI SEDIAMO IN GIARDINO?
COME POTREI IMPEDIRLO? VI SIETE INVITATO DA SOLO!

121

SPIEGATA L'IDEA...
UHM... UNA VITTORIA SICURA GRAZIE AL VOSTRO AIUTO?
BASTA QUALCHE PICCOLO RITOCCO ALLA PISTA DI GARA... E IL GIOCO E' FATTO!
VI RINGRAZIO, MA NON SERVE: LA MIA SMISURATA FORTUNA NON MI HA MAI DELUSO!
MAI DIRE MAI!
ANCHE SE DON GASTON NON VUOLE, AGIREMO UGUALMENTE! DON PAPERON DEVE FARE UNA FIGURACCIA A TUTTI I COSTI!
QUELLA NOTTE...
TUTTO CHIARO, RAGAZZI?
CERTO! ENTRIAMO NELLO STADIO E DIAMO UN'AGGIUSTATINA QUA E LA'! IH, IH!
FINALMENTE, ARRIVA IL GRAN GIORNO!
UNA QUADRENGA ECCEZIONALE, GENTILE PUBBLICO! IN PALIO NON C'E' UNA MEDAGLIA... MA IL CUORE DELLA NOBILE MELITA PAPERITA!

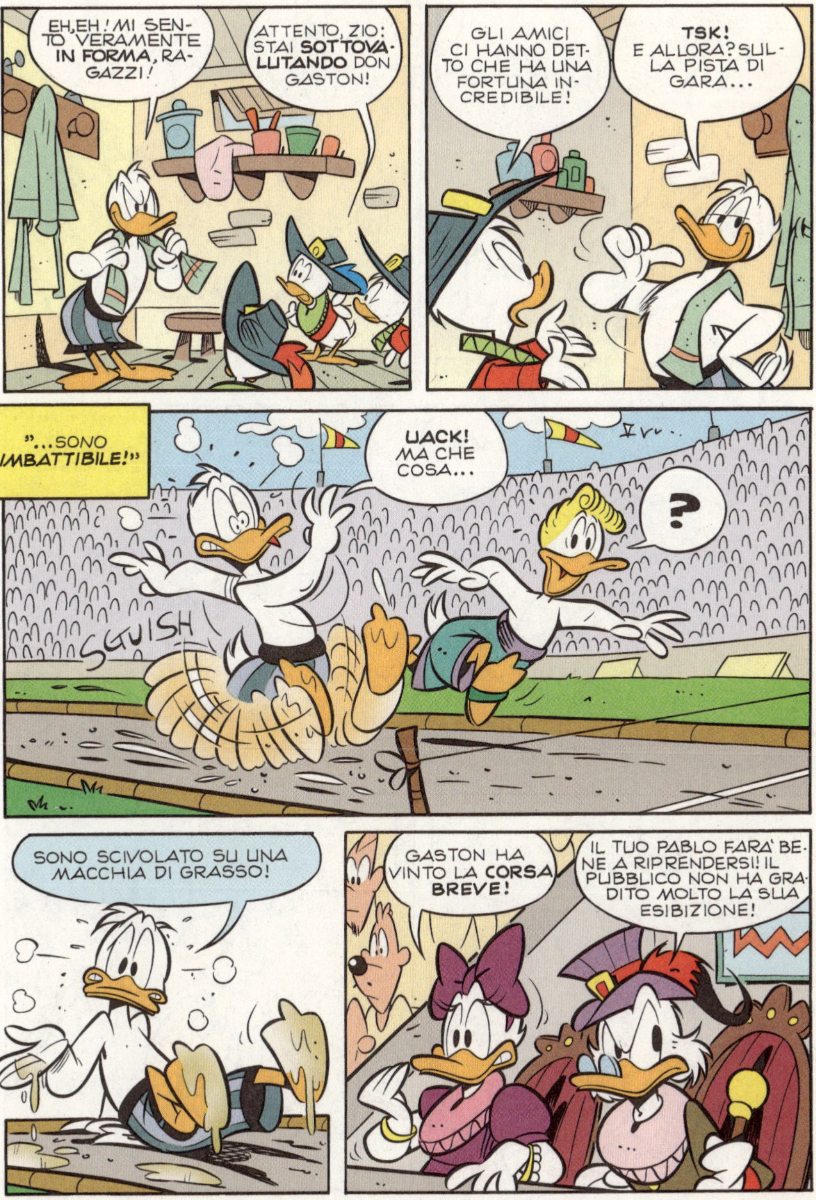
EH, EH! MI SENTO VERAMENTE IN FORMA, RAGAZZI!
ATTENTO, ZIO: STAI SOTTOVALUTANDO DON GASTON!
GLI AMICI CI HANNO DETTO CHE HA UNA FORTUNA INCREDIBILE!
TSK! E ALLORA? SULLA PISTA DI GARA...
"...SONO IMBATTIBILE!"
UACK! MA CHE COSA...
?
SQUISH
SONO SCIVOLATO SU UNA MACCHIA DI GRASSO!
GASTON HA VINTO LA CORSA BREVE!
IL TUO PABLO FARA' BENE A RIPRENDERSI! IL PUBBLICO NON HA GRADITO MOLTO LA SUA ESIBIZIONE!

IL CAMPIONE RECUPERA PUNTI...
PABLO PAPERIÑO VINCE IL BALZO DOBLE CON LA MISURA DI SETTE BRACCIA!
CLAP
CLAP
CLAP
POI ARRIVA IL MOMENTO DELL'ESCAPADA LONGA...
PREPARATI A MANGIARE LA MIA POLVERE!
LO VEDREMO!
PANT... PUFF...
UACK!
TUMP
POVERO ZIO...SI E' TROVATO UNA BUCA PROPRIO DAVANTI AI PIEDI!
I NOSTRI AMICI AVEVANO RAGIONE: DON GASTON E' DAVVERO FORTUNATO!
ORA C'E' LA REBALTERA, LA TUA SPECIALITA' PREFERITA! TI SUPPLICO, PABLO... VINCI!
SPERANZA VANA, DOLCE MELITA!
CRONK

DOVE AVRÀ COMPRATO QUELL'ASTA? ALLA BOTTEGA DELL'USATO? IH, IH!
E QUESTO SAREBBE IL GRANDE PABLO?
CHE DELUSIONE! DON PAPERON DOVREBBE RIMBORSARCI IL BIGLIETTO!
E COSÌ...
CHE FIGURACCIA! MI CONVIENE ABBANDONARE LA CITTÀ!
ADDIO, DOLCE MELITA! NON VI DIMENTICHERÒ!
NON PARTITE, PABLO! SOB!
DEVO, INVECE! NON APPENA I MIEI NIPOTI MI RAGGIUNGERANNO, LASCEREMO PAPELONA PER SEMPRE!
ECCOVI, FINALMENTE! DOVE SONO I BAGAGLI?
ASPETTA, ZIO PABLO!
CI SONO GRANDI NOVITÀ!
ABBIAMO FATTO UNA SCOPERTA IMPORTANTISSIMA!

POCO DOPO...
MIO ZIO E' IN CASA, BATTISTA?
CERTO, SEÑORITA! QUALCOSA DI GRAVE?
ECCO L'IMPOSTORE! SO CHE HAI TRUCCATO LA SFIDA!
BADA A COME PARLI, EX CAMPIONE! SONO FORTUNATO, NON DISONESTO!
E QUESTI COME LI SPIEGATE?
ERANO NEL VOSTRO GIARDINO!
CHE COINCIDENZA! IO HO TROVATO GRASSO E BUCHE SULLA PISTA!
GRASS
?
PER FORTUNA IO NON LAVORO! NON SO NEPPURE DA CHE PARTE SI IMPUGNA UN PICCONE!
IMPOSTORE E BUGIARDO! GRRR!
FORSE DON ROGER DUCAS HA DECISO DI AGIRE LO STESSO NONOSTANTE IO ABBIA RIFIUTATO IL SUO AIUTO!
CHE COOOSA? QUEL FINANZIERE DA STRAPAZZO VOLEVA AIUTARVI?

126

PERCHE' NON L'AVETE DETTO SUBITO?
...
IMPOSTORE, BUGIARDO E ALLEATO CON I DISONESTI! DOPPIO GRRR!
BASTA! ASCOLTATECI TUTTI!
CERCHEREMO DI SCOPRIRE SE DON GASTON DICE LA VERITA'!
SFRUTTEREMO LE NOSTRE CONOSCENZE IN CITTA' PER FARE QUALCHE INDAGINE!
AL LAVORO, FRATELLI!
VENGO ANCH'IO! SONO PROPRIO CURIOSO DI SCOPRIRE CHE COSA C'E' DIETRO A QUESTA FACCENDA!
NON FINISCE QUI! PRETENDO LA RIVINCITA!
OTTIMA IDEA! VADO SUBITO A FISSARE IL PREZZO DEI BIGLIETTI!
PREZZI, BIGLIETTI, SFIDE, INDAGINI... IL MIO FIDANZAMENTO NON INTERESSA PIU' A NESSUNO? UMPF!

EHI, ZIO PABLO! QUASI DIMENTICAVO DI DIRTI CHE QUESTA INDAGINE...
...MI COSTERA' QUALCHE PESETA! LO SO!
GUARDATE LAGGIU'!
SONO QUELLI CHE STIAMO CERCANDO?
CORRISPONDONO ALLE DESCRIZIONI CHE ABBIAMO RACCOLTO! IN OGNI CASO LO SCOPRIREMO PRESTO!
TAVE...
del CICCI
EHI, AMIGO! MI MANDA DON ROGER! IL LAVORO CHE AVETE FATTO ALLO STADIO L'ALTRA NOTTE LASCIAVA MOLTO A DESIDERARE...QUINDI NIENTE SOLDI!
COME SAREBBE A DIRE?
ABBIAMO SCAVATO E SPARSO GRASSO PER TUTTA LA NOTTE!
AH, SI? CI PENSO IO A PAGARVI! FURFANTI!
DEVI SOLO PROVARCI, CAMPIONE!
SLVISSSSS

PRESTO, FRATELLI! TIRATE LA FUNE!
GASP!
URGH!
E COSÌ...
BELLA TROVATA, FINGERSI MESSAGGERI DI DON ROGER!
CI E' ANDATA BENE!
MUOVETEVI, VOI DUE! SONO IMPAZIENTE DI PARLARE CON IL VOSTRO PRINCIPALE!
E COSÌ...
L'ACCORDO E' CONCLUSO! DOVETE SOLO FIRMAR...
TUMP
BUMP
EHI! CHE COSA SONO QUESTI RUMORI?
ECCO IL TUO PIANO, FINANZIERE DA STRAPAZZO! FARMI FARE BRUTTA FIGURA PER ACCAPARRARTI I MIEI CLIENTI!
N-NON E' COME PENSATE, D-DON PAPERON!

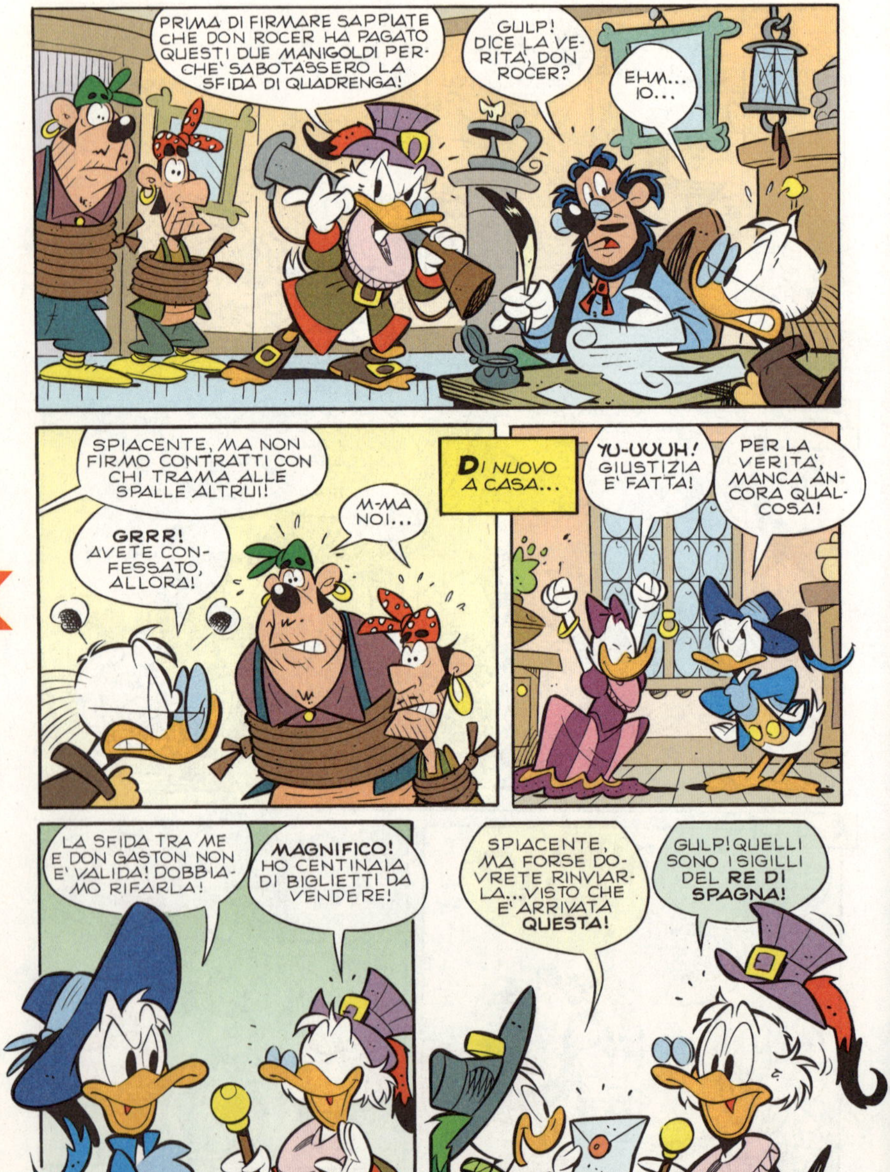

PRIMA DI FIRMARE SAPPIATE CHE DON ROGER HA PAGATO QUESTI DUE MANIGOLDI PERCHÈ SABOTASSERO LA SFIDA DI QUADRENGA!
GULP! DICE LA VERITÀ, DON ROGER?
EHM... IO...
SPIACENTE, MA NON FIRMO CONTRATTI CON CHI TRAMA ALLE SPALLE ALTRUI!
M-MA NOI...
GRRR! AVETE CONFESSATO, ALLORA!
DI NUOVO A CASA...
YU-UUUH! GIUSTIZIA È FATTA!
PER LA VERITÀ, MANCA ANCORA QUALCOSA!
LA SFIDA TRA ME E DON GASTON NON È VALIDA! DOBBIAMO RIFARLA!
MAGNIFICO! HO CENTINAIA DI BIGLIETTI DA VENDERE!
SPIACENTE, MA FORSE DOVRETE RINVIARLA... VISTO CHE È ARRIVATA QUESTA!
GULP! QUELLI SONO I SIGILLI DEL RE DI SPAGNA!

130

IL RE IN PERSONA HA CHIESTO UN'ESIBIZIONE DEL CAMPIONE PABLO PAPERIÑO PRESSO IL REALE STADIO DI PAPRID!
A QUANTO PARE MI ASPETTANO! EH, EH!
IO SONO IL TUO MECENATE... QUINDI ASPETTANO ANCHE ME! POTRO' FARE AFFARI D'ORO!
TUTTI FELICI E CONTENTI, VERO? A ME PERO' NON PENSA PIU' NESSUNO! LA SFIDA E' STATA VINTA DA DON GASTON, E IO DOVRO' FIDANZARMI CON LUI! SNORT!
CALMATI, MELITA! DOBBIAMO RISPETTARE LA TRADIZIONE...
...CHE PREVEDE CHE LE SFIDE IRREGOLARI VENGANO ANNULLATE! SPETTA AL FINANZIATORE DECIDERNE L'ESITO E PER ME HA VINTO... PABLO PAPERIÑO!
E ORA... PARTIAMO!
IO E TE A PAPRID... E' UN SOGNO!
SMACK
GIA'! NON CREDEVO CHE PERFINO IL RE MI CONOSCESSE!

"A PAPRID CI SONO PALAZZI CON FIORI E MARMI DOVE LE RAGAZZE DANNO FESTE DI FIDANZAMENTO FAVOLOSE!"
"E CI SONO GLI STADI DI QUADRENGA PIU' GRANDI DI SPAGNA!"
MI SERVIRANNO UNA NUOVA DIVISA E UN'ASTA DA REBALTERA INTARSIATA!
GIUSTO! NON POSSIAMO CERTO SFIGURARE DAVANTI A SUA MAESTA'!
TUTTO E' BENE QUEL CHE FINISCE BENE... MA A QUALCUNO TUTTO QUESTO COSTERA' MOLTE, MOLTE PESETAS!
SGRUNT!
FINE

PAPEROPOLI
WALT DISNEY
AI GIOCHI SPORTIVI INVERNALI
FEBBRAIO 2006! DUE VELIVOLI PLANANO SU TORINO, CAPITALE DEI GIOCHI INVERNALI...
CARI PASSEGGERI, LA TEMPERATURA ESTERNA E' DI DUE GRADI CENTIGRADI! VI INFORMO CHE ATTERRERE-MO...
B-2620-6

...FRA QUATTRO MINUTI E VENTIDUE SECONDI!
BENE, HAI TEMPO PER FARE UN PAIO DI ESERCIZI PRIMA DI SCENDERE, **ROMBO**!
D'ACCORDO, MA NON SI POTREBBE AVERE UN PANINO? MI E' VENUTA **FAME**!
SCHERZI? HAI GIA' AVUTO IL TUO **INTEGRATORE**!
CHE TI HA RIFORNITO DI BEN SEICENTO CALORIE!
QUINDI, CALCOLANDO IL DISPENDIO DI ENERGIE E L'ALTITUDINE DI VOLO, SECONDO IL COMPUTER TI SPETTANO...
...DUE CRACKER E UNA FOGLIA DI INSALATA!
SIGH!
CIAO A TUTTI! VI INFORMO CHE FUORI FA UN FREDDO CANE! QUINDI COPRITEVI, QUANDO ATTERREREMO! CIOE' TRA...

...BE', SPERIAMO FRA NON MOLTO!
YU-UUUH! SIAMO ARRIVATI!
NON VEDO L'ORA DI SCENDERE!
ANCH'IO! NON E' STATO UN VIAGGIO MOLTO COMODO! SGRUNT!
IN COMPENSO E' STATO ECONOMICO, NIPOTE!
COPRENDO L'EVENTO SPORTIVO A COSTI CONTENUTI, LA MIA PAPERTV MOLTIPLICHERA' IL GUADAGNO!
UMPF! E CHI CI GUADAGNERA' SARAI SOLTANTO TU!
MI AIUTI A TIRARE GIU' LA VALIGIA, ARCHIMEDE?
C'E' DENTRO L'ENCICLOPEDIA SUGLI SPORT INVERNALI ED E' PIUTTOSTO PESANTE!
ANCHE IL MIO BAGAGLIO LO E', MA HO RISOLTO IL PROBLEMA!
CI PENSERA' IL NOSTRO CAMPIONE A PORTARE LE VALIGIE! COSI' SI SGRANCHIRA' UN PO', DOPO TANTE ORE DI INATTIVITA'! VERO, FREDDY?

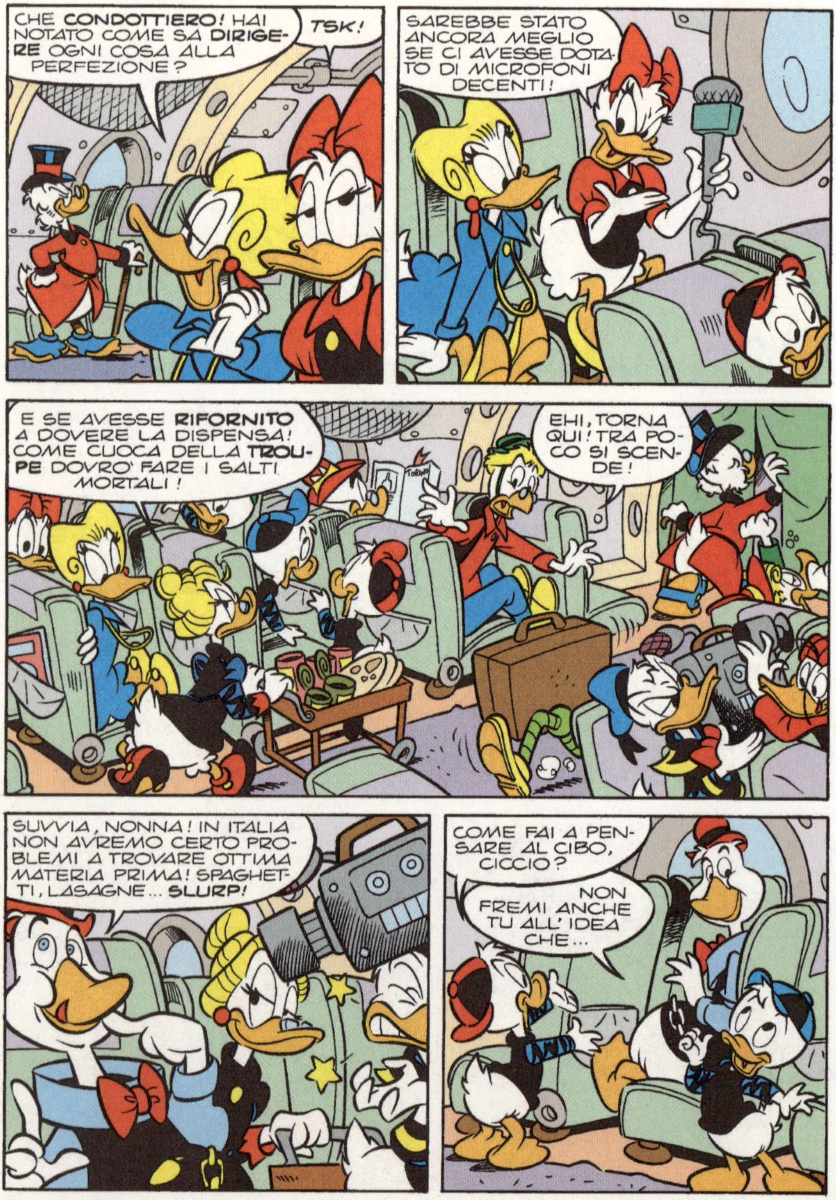
CHE **CONDOTTIERO!** HAI NOTATO COME SA **DIRIGERE** OGNI COSA ALLA PERFEZIONE?
TSK!
SAREBBE STATO ANCORA MEGLIO SE CI AVESSE DOTATO DI MICROFONI DECENTI!
E SE AVESSE **RIFORNITO** A DOVERE LA DISPENSA! COME CUOCA DELLA **TROUPE** DOVRÒ FARE I SALTI MORTALI!
EHI, TORNA QUI! TRA POCO SI SCENDE!
SUVVIA, NONNA! IN ITALIA NON AVREMO CERTO PROBLEMI A TROVARE OTTIMA MATERIA PRIMA! SPAGHETTI, LASAGNE... **SLURP!**
COME FAI A PENSARE AL CIBO, CICCIO?
NON FREMI ANCHE TU ALL'IDEA CHE...

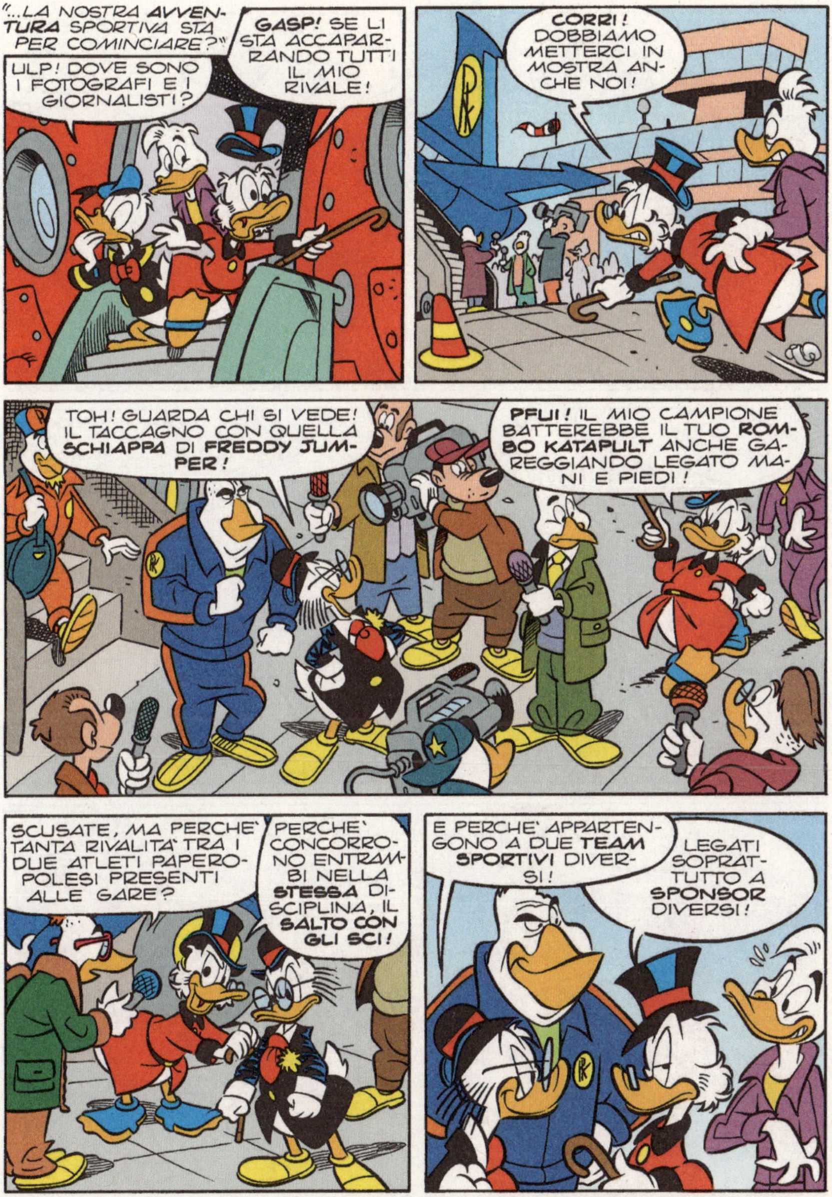
"...LA NOSTRA AVVENTURA SPORTIVA STA PER COMINCIARE?"
ULP! DOVE SONO I FOTOGRAFI E I GIORNALISTI?
GASP! SE LI STA ACCAPARRANDO TUTTI IL MIO RIVALE!
CORRI! DOBBIAMO METTERCI IN MOSTRA ANCHE NOI!
TOH! GUARDA CHI SI VEDE! IL TACCAGNO CON QUELLA SCHIAPPA DI FREDDY JUMPER!
PFUI! IL MIO CAMPIONE BATTEREBBE IL TUO ROMBO KATAPULT ANCHE GAREGGIANDO LEGATO MANI E PIEDI!
SCUSATE, MA PERCHE' TANTA RIVALITA' TRA I DUE ATLETI PAPEROPOLESI PRESENTI ALLE GARE?
PERCHE' CONCORRONO ENTRAMBI NELLA STESSA DISCIPLINA, IL SALTO CON GLI SCI!
E PERCHE' APPARTENGONO A DUE TEAM SPORTIVI DIVERSI!
LEGATI SOPRATTUTTO A SPONSOR DIVERSI!

A PROPOSITO, QUANTE VOLTE TI HO DETTO DI METTERTI IL BERRETTO?
SU, SORRIDETE!
SGURGLE! STA ARRIVANDO IL CAMPIONE DEL MONDO DI SLALOM!
GLAB!
WOOSSH
POCO MALE, RAGAZZI! PENSEREMO NOI A RIPRENDERE L'EVENTO PER I CITTADINI PAPEROPOLESI!
E' INUTILE CHE TI AFFANNI, PIVELLO! TUTTA PAPEROPOLI SARA' SINTONIZZATA SULLA MIA RETE!
AH! AH! E QUELLA SAREBBE UNA TROUPE TELEVISIVA? SEMBRATE I REDUCI DI UNA SCAMPAGNATA!

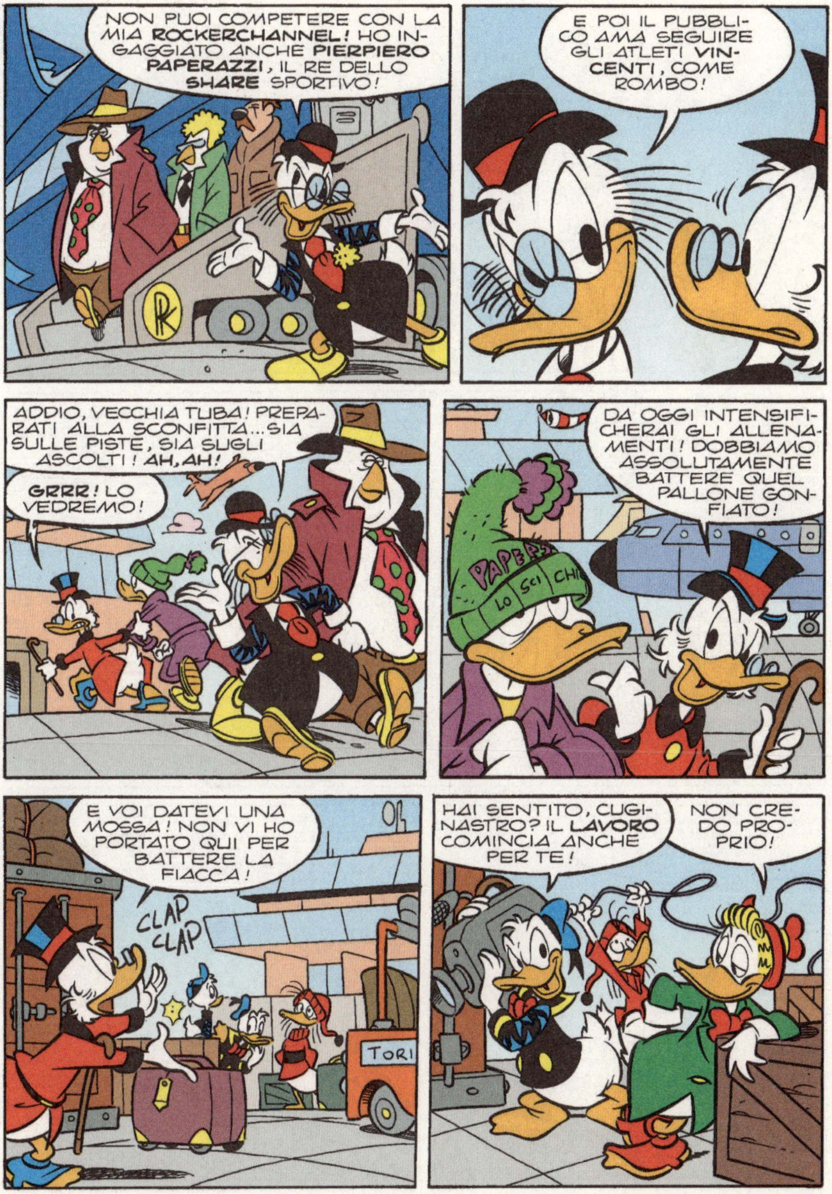
NON PUOI COMPETERE CON LA MIA ROCKERCHANNEL! HO INGAGGIATO ANCHE PIERPIERO PAPERAZZI, IL RE DELLO SHARE SPORTIVO!
E POI IL PUBBLICO AMA SEGUIRE GLI ATLETI VINCENTI, COME ROMBO!
ADDIO, VECCHIA TUBA! PREPARATI ALLA SCONFITTA... SIA SULLE PISTE, SIA SUGLI ASCOLTI! AH, AH!
GRRR! LO VEDREMO!
PAPERS LO SCI CHI
DA OGGI INTENSIFICHERAI GLI ALLENAMENTI! DOBBIAMO ASSOLUTAMENTE BATTERE QUEL PALLONE GONFIATO!
E VOI DATEVI UNA MOSSA! NON VI HO PORTATO QUI PER BATTERE LA FIACCA!
CLAP CLAP
TORI
HAI SENTITO, CUGINASTRO? IL LAVORO COMINCIA ANCHE PER TE!
NON CREDO PROPRIO!

GIA'! GASTONE E' L'UNICO ESENTATO!
SONO STATO CONVOCATO COME PORTAFORTUNA!
E A QUANTO VEDO VE NE SERVIRA' PARECCHIA!
ARGH! LIBERATEMI!!
QUALCHE ORA DOPO...
ECCOCI ARRIVATI, GENTE! QUESTA E' PRAGELATO!
QUI SI SVOLGERA' LA GARA DI SALTO E QUELLO E' IL TRAMPOLINO!
OH! CHE EMOZIONE!
PRENDETE I BAGAGLI E SEGUITEMI! ANDIAMO A SISTEMARCI NELLA NOSTRA BASE OPERATIVA!

DOVREMO RAGGIUNGERLA A PIEDI, IMMAGINO!
E' OVVIO! COSA C'E' DI PIU' CORROBORANTE DI UNA CAMMINATA IN MONTAGNA? EH, EH!
SPERO, ALMENO, CHE L'ALBERGO SIA CONFORTEVOLE!
ALBERGO? CHI HA PARLATO DI ALBERGO?
ALLOGGEREMO IN QUELLA BAITA!
?!
!
MA CHE BELLA SISTEMAZIONE! UMPF!
SEI SICURO CHE NON CI FOSSE NIENTE DI PIU' ECONOMICO?
SE C'ERA, NON SONO RIUSCITO A TROVARLO!
AH, ECCO...

SAREBBE STATO MEGLIO PORTARE ALMENO UN'ALTRA TELECAMERA, PERO'!
E MAGARI NON USATA!
SCIOCCHEZZE! QUELLA BASTA E AVANZA!
E POI, PER L'APPARATO TECNICO ABBIAMO ARCHIMEDE! CHE COSA VOLETE DI PIU'?
HO MESSO A PUNTO UNA MINI-CENTRALE DI TRASMISSIONE SATELLITARE! STA TUTTA QUI DENTRO!
E COSI', MENTRE NONNA PAPERA SI OCCUPA DELLA CUCINA...
CON QUESTO FREDDO, UN BUON MINESTRONE E' QUELLO CHE CI VUOLE!
...L'IMPROVVISATA TROUPE TELEVISIVA INIZIA LA SUA ATTIVITA'!
AL COMANDO C'E' SEMPRE L'ATLETA DAL BELLISSIMO COMPLETO ROSA FUCSIA, MOLTO DI MODA QUEST'ANNO! VOLEVO COMPRARNE UNO ANCH'IO E BLA, BLA, BLA...
3
14

TUTTI CERCANO DI DARE IL LORO MEGLIO...
...IL PIEMONTE E LA CITTA' DI TORINO, FONDATA DAGLI ANTICHI ROMANI... BLA, BLA, BLA... E I PRODOTTI AGRICOLI DI QUESTA REGIONE... BLA, BLA, BLA...
TORINO
PRESTO, ARCHIMEDE! IL REGISTRATORE MI SERVE PER LE INTERVISTE!
D'ACCORDO, MA POTEVI EVITARE DI FARLO CADERE!
BE', QUASI TUTTI!
L' ABBRONZATURA DI MONTAGNA E' LA MIGLIORE!
SEI STATO DAVVERO GENTILE A PORTARMI CON TE, PAPERONUCCIO!
NON FARTI ILLUSIONI! MI SERVIVA UNA SECONDA TELECRONISTA CHE AFFIANCASSE PAPERINA!
QUINDI, BASTA CHIACCHIERE E TORNA AL LAVORO!
UMPF! NON SAI PENSARE AD ALTRO, VERO?
COMUNQUE, NONOSTANTE L' INDUBBIA BUONA VOLONTA'...
FAVOLOSA LA NOSTRA POSTAZIONE! VERO, CUGINO?
GRRR!

...I NOSTRI NON POSSONO CERTO REGGERE IL CONFRONTO CON L'ORGANIZZAZIONE DI ROCKERDUCK!
E LA DIFFERENZA SI VEDE ANCHE NEGLI ALLENAMENTI DEI RISPETTIVI ATLETI...
PIU' VELOCE! PIU' VELOCE!
PUFF...
BENISSIMO! DOPO PRANZO PASSEREMO ALLE FLESSIONI!
URGH!
FINALMENTE SI MANGIA! CHE COSA C'E' DI BUONO?
GALLETTE INTEGRALI, VERZA SCONDITA E UN' OLIVA!
GLOM!

TI FORNIRANNO IL GIUSTO APPORTO CALORICO ED ENERGETICO!
SIGH!
INTANTO...
FORZA CON QUEI MUSCOLI! NON SIAMO QUI PER TRASTULLARCI!
CORAGGIO! ANCORA DUE MINUTI E PER OGGI ABBIAMO FINITO!
SEI PROPRIO SICURO DI SAPERE COME SI ALLENA UNO SCIATORE?
MA CERTO! NON E' POI COSI' DIFFICILE!
DEL RESTO, AI TEMPI DEL KLONDIKE...
OH, NO! NON VORRAI RICOMINCIARE!

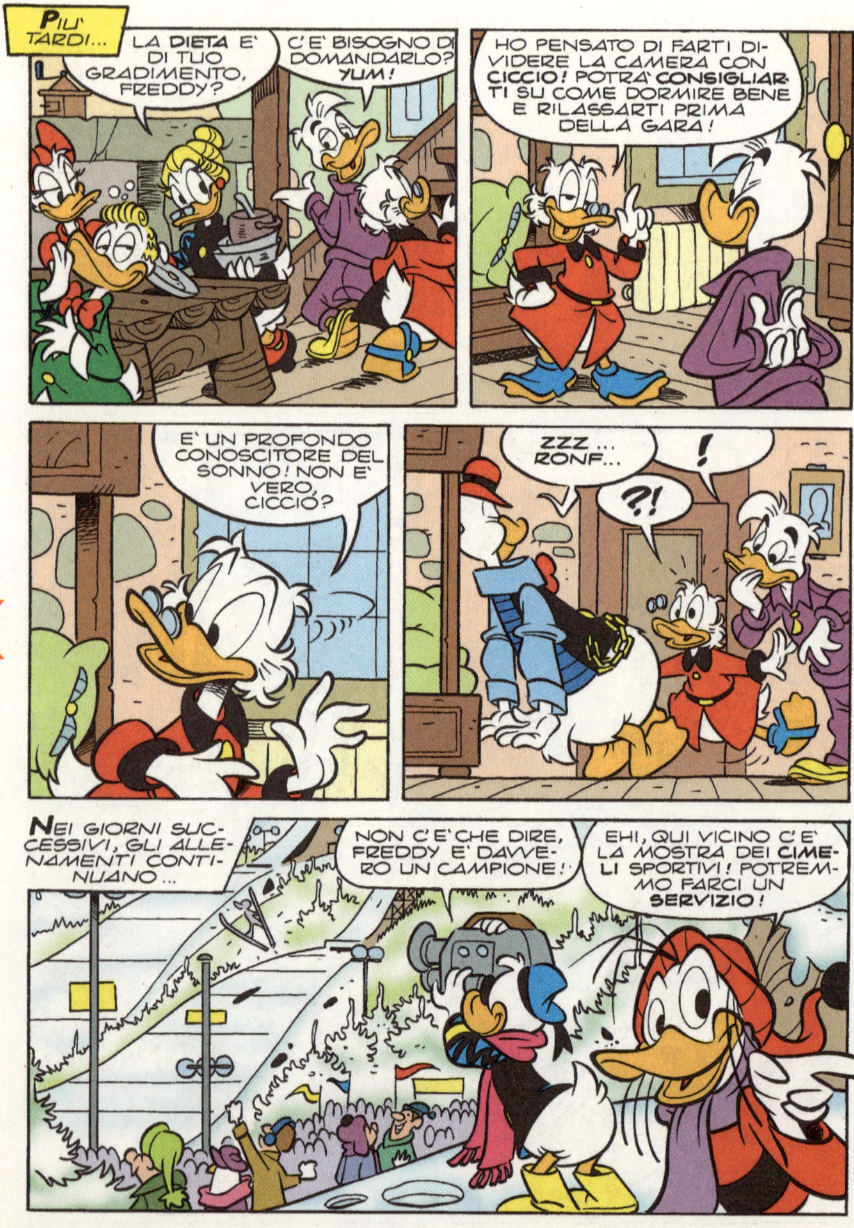
PIU' TARDI...
LA DIETA E' DI TUO GRADIMENTO, FREDDY?
C'E' BISOGNO DI DOMANDARLO? YUM!
HO PENSATO DI FARTI DIVIDERE LA CAMERA CON CICCIO! POTRA' CONSIGLIARTI SU COME DORMIRE BENE E RILASSARTI PRIMA DELLA GARA!
E' UN PROFONDO CONOSCITORE DEL SONNO! NON E' VERO, CICCIO?
ZZZ... RONF...
?!
!
NEI GIORNI SUCCESSIVI, GLI ALLENAMENTI CONTINUANO...
NON C'E' CHE DIRE, FREDDY E' DAVVERO UN CAMPIONE!
EHI, QUI VICINO C'E' LA MOSTRA DEI CIMELI SPORTIVI! POTREMMO FARCI UN SERVIZIO!

146

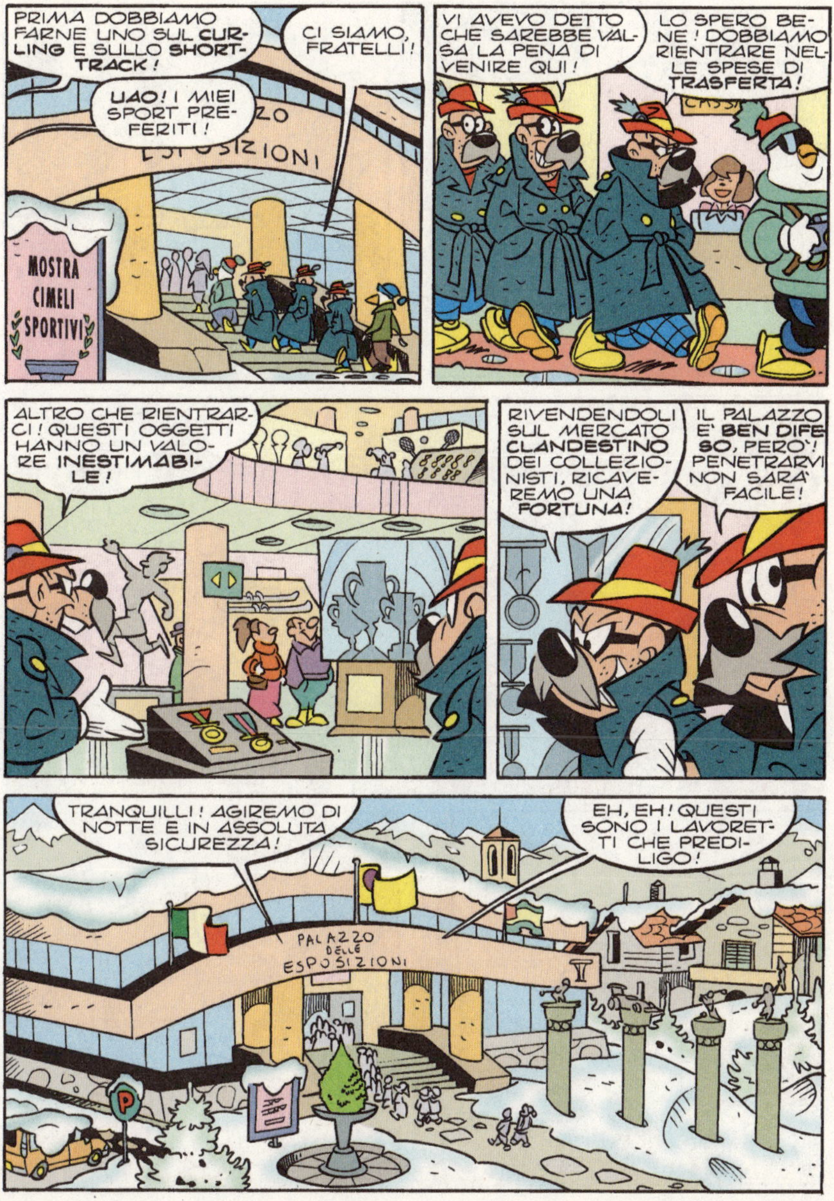

PRIMA DOBBIAMO FARNE UNO SUL CURLING E SULLO SHORT-TRACK!
CI SIAMO, FRATELLI!
UAO! I MIEI SPORT PREFERITI!
MOSTRA CIMELI SPORTIVI
VI AVEVO DETTO CHE SAREBBE VALSA LA PENA DI VENIRE QUI!
LO SPERO BENE! DOBBIAMO RIENTRARE NELLE SPESE DI TRASFERTA!
ALTRO CHE RIENTRARCI! QUESTI OGGETTI HANNO UN VALORE INESTIMABILE!
RIVENDENDOLI SUL MERCATO CLANDESTINO DEI COLLEZIONISTI, RICAVEREMO UNA FORTUNA!
IL PALAZZO E' BEN DIFESO, PERO'! PENETRARVI NON SARA' FACILE!
TRANQUILLI! AGIREMO DI NOTTE E IN ASSOLUTA SICUREZZA!
EH, EH! QUESTI SONO I LAVORETTI CHE PREDILIGO!
PALAZZO DELLE ESPOSIZIONI

E ARRIVA LA VIGILIA DELLA GARA...
CHIAMA GLI ALTRI, CICCIO! LA CENA E' PRONTA E... NON SOLO PER TE!
VA BENE, NONNA!
UH? PERCHE' FREDDY NON SCENDE?
FREEEDDY!
CHE COSA C'E' DI BUONO?
BAGNACAUDA* ALLA PAPEROPOLESE!
AH, LA NOSTALGIA DI CASA!
* PRELIBATA SPECIALITA' PIEMONTESE.
SE STA BATTENDO LA FIACCA, MI SENTIRA'!
GARAGULP!

ALLARME! FREDDY E' SPARITO!
ATTENTO AI PIATTI!
ULP!
BU-UUUH! DOBBIAMO RITROVARLO! SE DOMANI NON GAREGGIA, IL MIO INVESTIMENTO PUBBLICITARIO ANDRA' IN FUMO!
DOVE SARA' ANDATO?
E PERCHE' E' USCITO SENZA AVVISARCI?
FREDDY!
PER FORTUNA HO UNA LAUREA IN RINTRACCIOLOGIA CHE...
TACI E CERCA, PICO!
VORREI AIUTARVI, MA IL FREDDO ROVINA L'ABBRONZATURA!
SGRUNT!
NIENTE IMPRONTE?
NULLA! LA NEVE APPENA CADUTA DEVE AVER COPERTO TUTTO!

VOI CERCATE DA QUELLA PARTE! SE LO AVVISTATE, CHIAMATEMI!
INTESI, ZIO!
PER QUALE MOTIVO SI SARA' ALLONTANATO?
GRRR! SPERO PER LUI CHE SI TRATTI DI UN VALIDISSIMO MOTIVO!
PIU' TARDI, NELLA NOTTE...
SOB! MANCANO MENO DI DODICI ORE ALLA GARA E IL MIO CAMPIONE SI E' VOLATILIZZATO!
CORAGGIO, PAPERONCINO! VEDRAI CHE LO TROVEREMO!
EHI! ABBIAMO IL FILMATO DEGLI ALLENAMENTI! FORSE VI SCOPRIREMO QUALCHE INDIZIO!
?
PENSI CHE LA SCOMPARSA DI FREDDY NASCONDA QUALCOSA DI LOSCO?
CHISSA'! DIAMO UN'OCCHIATA ALLE RIPRESE!

ECCOLO!
BRAVO! EVVIVA FREDDY!
G-GRAZIE A TUTTI!
W FREDDY
UHM... FIN QUI, NULLA DI STRANO!
UN MOMENTO! QUEI FAN...
GLAB! SONO I BASSOTTI!
HAI RICONOSCIUTO QUALCUNO?
N-NO... MI SONO SBAGLIATO!
BE', IO... VADO A RIPOSARE! SONO STANCHISSIMO!
SE C'ENTRANO QUEI FURFANTI, E' MEGLIO FAR INTERVENIRE IL MIO BUON AMICO!

PER FORTUNA, PER OGNI EVENIENZA, HO PORTATO IL COSTUME DA PAPERINIK!
CRASH
PERFETTO! I PARENTI SONO INDAFFARATI!
PAPEROGA!
TREMATE, BASSOTTI! SONO SULLE VOSTRE TRACCE!
CON LA MASCHERA NIGHT VISION 2.0 LI SCOVERÒ IN UN LAMPO!
CLICK
A-AH! ECCO UN'OMBRA SOSPETTA!
05 KM
HOTEL
103°

FERMO, MANIGOLDO!
OUCH!
DOVE HAI NASCOSTO FRED... UACK!
P
ROMBO KATAPULT?!
P-PAPERINIK?!
PERCHE' VAI IN GIRO IN PIENA NOTTE?
EHM... VOLEVO FARE UNO **SPUNTINO**!
SIGH! SONO MESI CHE MANGIO SOLO **GERMOGLI**, **INTEGRATORI** E **PAPPETTE VITAMINICHE**!
NON NE POTEVO PIU'! COSI' SONO **PASSATO ALL'AZIONE**!

COME RESI-
STERE ALLE
LECCORNIE
LOCALI?
GNAM!
AH! AH!
CHOMP...
MUNCH...
TRANQUILLO!
MANTERRO' IL
SEGRETO E...
UH?
WROOM
ULP! SONO
LORO!
WROOM
LI SEGUIRO' NASCOSTO
NELLA NUVOLA MI-
METICA!
SFIDO CHIUNQUE
A NOTARMI!
EH, EH!
BAH!
UMPF!
RRRRRRR

FINCHE'...
NON CI POSSIAMO MAI FIDARE DI TE, 176-176! SGRUNT!
POSSI-BILE CHE TU SIA SEMPRE COSI' SBA-DATO?
COME HAI POTU-TO SMARRIRE I GRIMALDEL-LI?
UFFA! SONO COSE CHE CA-PITANO!
PER CAUSA TUA IL COLPO E' FALLI-TO E... GASP!
CLIK
GULP! MA QUEL-LO E' FREDDY JUMPER!
CHE COSA FA QUI?
PROPRIO COME SOSPETTAVO... LO HANNO RAPITO!
GLOM!

LI SORPRENDERO' CON UN'ENTRATA A EFFETTO!
CLIK
IL PAPERO MASCHERATO STA PER ENTRARE IN AZIONE! EH, EH!
FERMI TUTTI!
ARGH! PAPERINIK!
?
TUMP
C-CHE COSA VUOI DA NOI?
AVETE ANCHE IL CORAGGIO DI DOMANDARLO? CHE FACCIA TOSTA!
UN MOMENTO! QUESTA VOLTA SIAMO INNOCENTI!
RACCONTATELO A UN ALTRO... IO HO CAPITO TUTTO!

156

AVETE RAPITO FREDDY JUMPER! CONFESSATE!
SEI STATO RAPITO?
CHI, IO?
NON PENSERETE DI FUGGIRE, SPERO!
OH, NO!
ASPETTA, PAPERINIK!
I BASSOTTI SONO INNOCENTI!
UH? VERAMENTE?
PROPRIO COSI'!

NON C'E' STATO NESSUN RAPIMENTO! ME NE SONO ANDATO DI MIA VOLONTA'!
SGRUNT! SEI CONVINTO, ADESSO?
NOI ... EHM ... SIAMO APPASSIONATI DI CIMELI SPORTIVI E ...
TACI, BABBEO!
BONK
SPIEGATI MEGLIO, FREDDY! PERCHE' SEI SCAPPATO?
PERCHE' NON ME LA SENTIVO DI GAREGGIARE!
"IN TROPPI CONTANO SU DI ME..."
FATTI ONORE, RAGAZZO, E CERCA DI TORNARE CON UNA MEDAGLIA!
GLOM!
SINDACO

PERCHE' E' IL NOSTRO CAMPIONE, PERCHE' E' IL NOSTRO CAMPIONEEEEE...
SE NON VINCERAI, TI ADDEBITERO' TUTTE LE SPESE DELLA TRASFERTA!
HO AVUTO PAURA DI DELUDERE TUTTI, COSI' HO TAGLIATO LA CORDA!
PAT PAT
UN CLASSICO ATTACCO DI PANICO DA GARA!
"HO ASPETTATO CHE CICCIO SI ADDORMENTASSE E POI..."
ZZZ...
"...SONO SCAPPATO DALLA FINESTRA!"

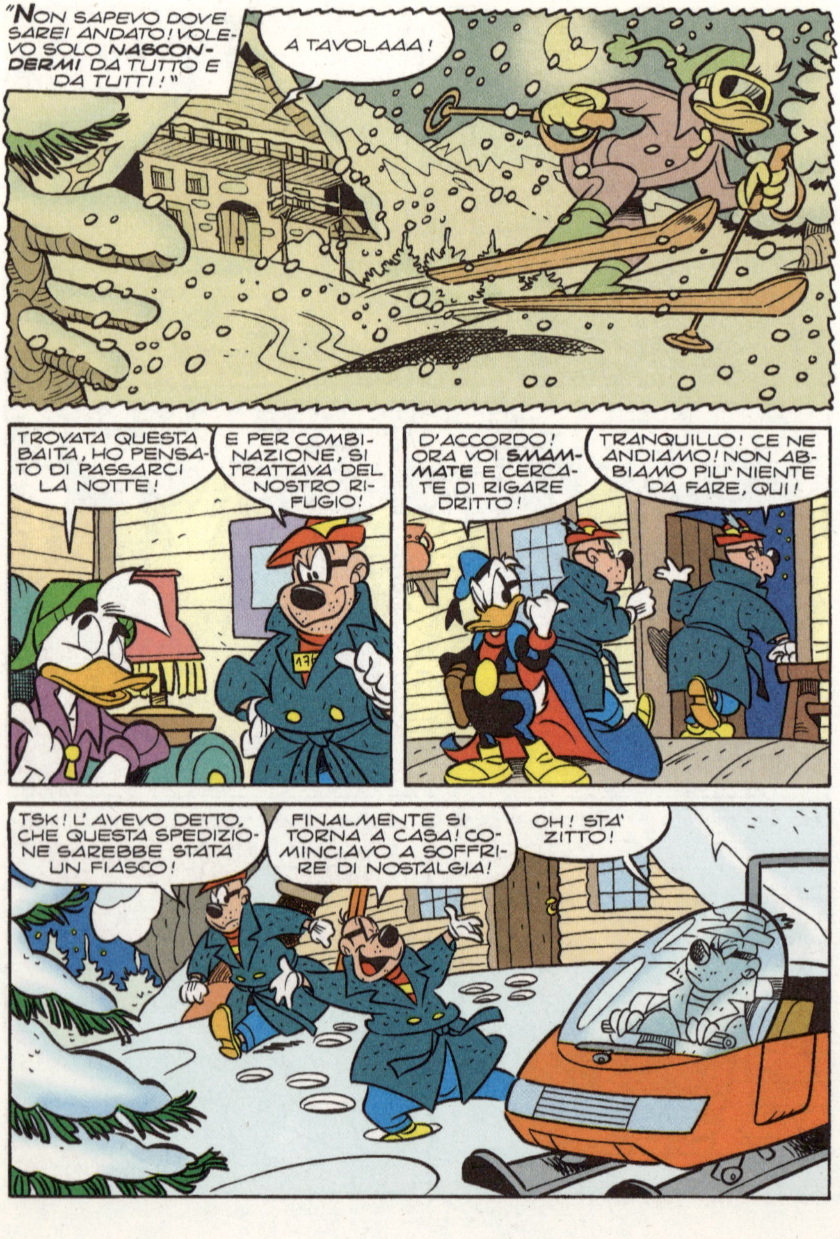
"NON SAPEVO DOVE SAREI ANDATO! VOLEVO SOLO NASCONDERMI DA TUTTO E DA TUTTI!"
A TAVOLAAA!
TROVATA QUESTA BAITA, HO PENSATO DI PASSARCI LA NOTTE!
E PER COMBINAZIONE, SI TRATTAVA DEL NOSTRO RIFUGIO!
D'ACCORDO! ORA VOI SMAMMATE E CERCATE DI RIGARE DRITTO!
TRANQUILLO! CE NE ANDIAMO! NON ABBIAMO PIU' NIENTE DA FARE, QUI!
TSK! L'AVEVO DETTO, CHE QUESTA SPEDIZIONE SAREBBE STATA UN FIASCO!
FINALMENTE SI TORNA A CASA! COMINCIAVO A SOFFRIRE DI NOSTALGIA!
OH! STA' ZITTO!

WROOOOM
PUUM
QUANTO A TE, DEVI CONVINCERTI CHE... GULP! COS'E' STATO?
C-CONOSCO QUESTO RUMORE!
RUUMBLE
ROOOMBLE
LA VALANGAAA!
NIENTE PAURA! SCAPPEREMO IN VOLO CON I...

ARGH! GLI STIVALETTI HANNO ESAURITO IL PROPELLENTE!
PFFTT
SIAMO PERDUTI!
NON ANCORA!
SVELTO, PAPERI-NIK! AGGRAPPA-TI A ME!
?!
SEI SICURO DI SAPERE QUELLO CHE FAI?
NO, MA NON ABBIA-MO ALTRA SCELTA!
ACCELERA, O SAREMO TRAVOLTI!
TIENITI FORTE!
BROOOM
GLOM! CHE LA FORTUNA CI ASSISTA!

RRUUMBLEE
ZOOOOOOOOMP
SALVI PER UN PELO! MA COME HAI FATTO A SPICCARE UN SALTO COSI' LUNGO?
NON LO SO NEMMENO IO! SARA' STATA LA PAURA!

MA CHE DICI?! SOLO UN CAMPIONE POTEVA ESEGUIRLO!
EHI, E' VERO! SE SONO RIUSCITO IN UN'IMPRESA SIMILE...
...POSSO ANCHE DISPUTARE LE GARE! MOSTRERÒ A TUTTI DI CHE COSA SONO CAPACE!
PAF
PURTROPPO, TRASCURI UN PAIO DI DETTAGLI! E' GIÀ L'ALBA E SIAMO RIMASTI A PIEDI!
OH, NO! LA SEDE DI GARA È TROPPO DISTANTE, NON ARRIVEREMO MAI IN TEMPO!
ASPETTA A DISPERARTI! FORSE SO CHI PUÒ DARCI UNA MANO!
GUARDATE, FRATELLI!
FERMI!
GASP!
FRRRR

ALLORA SIETE SCAMPATI ALLA VALANGA... STAVAMO GIUSTO VENENDO A **SOCCORRERVI!**
TEMEVAMO CHE VI AVESSE TRAVOLTO!
NO, PER FORTUNA! MA ORA CI SERVE IL VOSTRO AIUTO!
DOVETE PORTARCI A PRAGELATO! OGGI SI DISPUTA LA GARA DI FREDDY!
AL TEMPO! UN CONTO E' SALVARVI DALLA VALANGA...
...UN ALTRO E' FARVI DA AUTISTI!
NOI **NON** OFFRIAMO AIUTO DISINTERESSATO!
NE VA DEL NOSTRO **BUON** NOME DI FURFANTI!
IN UNA PAROLA... **ARRANGIATEVI!**
UN MOMENTO!
FREDDY JUMPER E' IL CAMPIONE DI **PAPEROPOLI!** QUINDI, E' ANCHE IL **VOSTRO** CAMPIONE!

E' IN GIOCO L'**ONORE** DELLA NOSTRA CITTA'! NON POTETE RIFIUTARVI!
EHM... IN EFFETTI...
...SIAMO PUR SEMPRE **PAPEROPOLESI**!
E VA BENE! SALITE A BORDO, VI PORTEREMO A DESTINAZIONE!
EVVIVA! ANDIAMO, FREDDY!
E COSI'...
NOI CONTINUIAMO A PIEDI! ARRIVEDERCI, BASSOTTI!
GRAZIE DI TUTTO!
DOVERE! IN BOCCA AL LUPO, FREDDY!
FAREMO IL TIFO PER TE!
IL MIO COMPITO FINISCE QUI! ORA TOCCA A TE, CAMPIONE!
GRAZIE, AMICO!
NON MI RESTA CHE ENTRARE DI SOPPIATTO NELLA BAITA E **CAMBIARMI** D'ABITO!

PRENDI ALMENO LO ZABAIONE! NON TOCCHI CIBO DA IERI!
QUESTA E' LA **CATASTROFE**, ALTRO CHE ZABAIONE! **SOB!**
TI PREGO, TESORUCCIO, FAI UNO SFORZO!
S-SALVE!
FREDDY?!
GRRR! SI PUO' SAPERE DOVE TI ERI CACCIATO?
MI SONO ALLONTANATO PERCHE' AVEVO **FIFA!**
MA POI PAPERINIK MI HA CONVINTO A RITORNARE!
PAPERINIK?!
YAWN! CHE COS'E' QUESTO TRAMBUSTO?
SI', LUI E'... OOOF!
BANDO ALLE CIANCE! DEVI PREPARARTI PER LA GARA!

CHE COSA E' SUCCESSO?
FREDDY E' TORNATO, ZIO! PER MERITO DI PAPERINIK!
DI CERTO, NON PER MERITO TUO! SAI SOLO POLTRIRE E RONFARE!
A CIASCUNO LE SUE SPECIALITÀ, CUGINO! EH, EH!
E POCO DOPO...
È IL TUO MOMENTO! MI ASPETTO UNA PRESTAZIONE ECCEZIONALE!
TRANQUILLO, SIGNOR DE' PAPERONI! SONO CARICATISSIMO!
SVELTO, PAPEROGA! ANDIAMO A SISTEMARE LA TELECAMERA!
TOH, IL PIVELLO! CHE COSA FAI LI' SEDUTO?
GRRR... MUNCH... DOMANDALO AL MIO... PFUI... CAMPIONE!
QUEL BABBEO HA FATTO INDIGESTIONE E NON POTRÀ GAREGGIARE!
AHI... OHI...

SIGH! ADDIO RITORNO DI IMMAGINE PER I MIEI PRODOTTI!
SU CON LA VITA! OGGI VOGLIO CHE SIA UNA FESTA PER TUTTI I PAPEROPOLESI!
TI OFFRO DI SPONSORIZZARE METÀ DEL MIO CAMPIONE! FREDDY JUMPER SARÀ L'ATLETA IMMAGINE DELLA "P.d.P."...
...E DELLA "RK"! IN CAMBIO, TU COPRIRAI TUTTE LE SPESE!
SAI CHE TI DICO, VECCHIA TUBA? AFFARE FATTO!
BRAVO, PAPERONE! SONO ORGOGLIOSA DI TE!
CREDETE CHE FREDDY RIUSCIRÀ A VINCERE?
SARÀ DIFFICILE, ZIA! AVRÀ DI FRONTE GRANDI CAMPIONI!
MA PER PAPEROPOLI È GIÀ UN SUCCESSO AVERE UN SUO PORTACOLORI ALLA MANIFESTAZIONE!
GIUSTO, RAGAZZI! E COME DISSE IL BARONE DE COUBERTIN...

"...L'IMPORTANTE NON E' VINCERE, MA **PARTECIPARE!**"
VIVA PAPEROPOLI
FINE

IL SEGRETO DI SPORT GOOFY
MOLTE CITTÀ SONO RICONOSCIBILI A PRIMA VISTA PER QUALCHE FAMOSO PARTICOLARE...
... A PARIGI C'È LA TORRE EIFFEL...
... A NEW YORK LA STATUA DELLA LIBERTÀ...
... A ROMA IL COLOSSEO...
... A PAPEROPOLI IL DEPOSITO DI PAPERON DE' PAPERONI...
I-1695

E A TOPOLINIA?
NO, QUI DA NOI NON CI SONO MONUMENTI FAMOSI!
PERÒ...
PERÒ?
PERÒ ABBIAMO UN... EHM... CAPOLAVORO CHE NESSUN'ALTRA CITTÀ AL MONDO PUÒ VANTARE!
OOOH! DAVVERO? E CHE COSA ASPETTIAMO...
...PER ANDARE AD AMMIRARLO?
NON C'È BISOGNO DI ANDARE! EH! EH!
SÌ! POSSIAMO FARE I TURISTI COMODAMENTE SEDUTI IN POLTRONA...
?
?
?
...GRAZIE A QUESTA VIDEOCASSETTA GIRATA DA ZIO TOPOLINO!
CLACKT

LUSTRATEVI GLI OCCHI, AMICI!
BLIC
EHI! MA QUELLO È PIPPO!
NO, ASPETTA! NON È PIPPO! È...
... SÌ, SÌ! IL GRANDE SPORT GOOFY!
L'IMMENSO!
UAO!
AVETE PROPRIO RAGIONE! SOLO TOPOLINIA PUÒ VANTARE UN CAMPIONE COME LUI!
SPORT GOOFY È UN FENOMENO FENOMENALE!

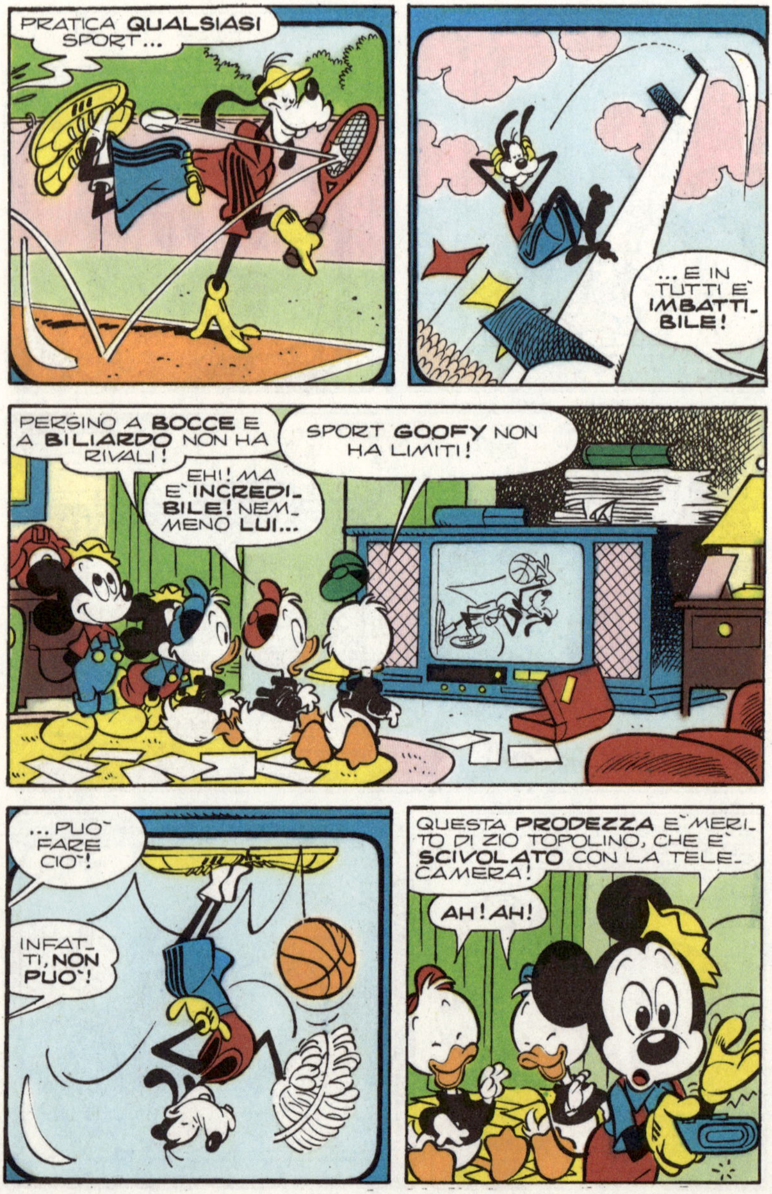
PRATICA QUALSIASI SPORT...
...E IN TUTTI E` IMBATTI_BILE!
PERSINO A BOCCE E A BILIARDO NON HA RIVALI!
SPORT GOOFY NON HA LIMITI!
EHI! MA E` INCREDI_BILE! NEM_MENO LUI...
...PUO` FARE CIO`!
INFAT_TI, NON PUO`!
QUESTA PRODEZZA E` MERI_TO DI ZIO TOPOLINO, CHE E` SCIVOLATO CON LA TELE_CAMERA!
AH! AH!

COME **OPERATORE TV**... NON È CERTO UN **CAMPIONE**!
GIÀ! MA TU NON CONOSCI **NOSTRO ZIO**!
EHI! PERCHÈ ACCONTENTARSI DI VEDERE SPORT GOOFY **IN DIFFERITA**...
?
SPORT GOOFY
...QUANDO ABBIAMO LA POSSIBILITÀ DELLA **DIRETTA**?
UH! VUOI DIRE CHE...
OGGI È IN CITTÀ... E SI ALLENA **AL PARCO**! ANDIAMO, GENTE!
UAO!
VEDRETE! **SPORT GOOFY... DAL VERO** È ANCORA PIÙ ENTUSIASMANTE!
TOPOLINO
UH?

ABBIAMO CAPITO BENE? ANDATE A VEDERE **SPORT GOOFY?** SAPETE DOV'È?
SICURO!
TOPOLINO
VOLETE **ACCODARVI?**
E CE LO DOMANDI? **YU-UUUH!**
PARCO DI TOPOLINIA
DÀI! SBRIGHIAMOCI!
ECCOL... **OPS!**
SCREEE
STAVO DICENDO: **ECCOLO LÀ!**

YU-UUUH! SPORT GOOFY!
...496... 497... 498... 499...
... E 500! CIAO, RAGAZZI!
500 PIEGAMENTI... E SU UN BRACCIO SOLO? INCREDIBILE!
OH! NORMALE ROUTINE D'ALLENAMENTO!
ADESSO... UNA CORSETTINA! 15 CHILOMETRI NEL PARCO! VENITE CON ME?
QUINDIC... EH, NO! GRAZIE!
PREFERIAMO ALLENARCI... EHM... GUARDANDOTI!

CERTO CHE NE HA, DI ENERGIA!
E` UN VERO... MOSTRO!
ANCHE DI SIMPATIA! GUARDATE!
SI LASCIA VOLONTARIAMENTE BATTERE DA QUEL BAMBINO!
BRAVO! CONTINUA COSI`... E DIVENTERAI ANCHE PIU` FORTE DI ME!
UN' ESPERIENZA COSI` NON SE LA DIMENTICHERA` PIU`!

NESSUNO DIMENTICA SPORT GOOFY, UNA VOLTA CHE L'HA CO_ NOSCIUTO!
LUI È UN CAM PIONE ANCHE D'UMANITÀ!
"HA SEMPRE TEMPO PER TUTTI..."
ECCO, RAGAZZI! È COSÌ CHE SI FA!
TOF
TOF
"... È PRONTO AD AIUTARE CHI HA BISOGNO..."
UH! OH!
PREGO, SIGNO RA!
OH, GRAZIE!

"...E NON SI FA PREGARE COME ALTRI **BIG** PER CONCEDERE UN AUTO-GRAFO!"
MI PIACEREBBE DIVENTARE **COME LUI**!
NON SEI L'UNICO! EH! EH!
PURTROPPO, SPORT GOOFY NON SI DIVENTA! **SI NASCE**!
MA VA'! E' SOLO QUESTIONE DI ALLENAMENTO!
GIÀ! E DI COME SI COMINCIA!
VERISSIMO! L'IMPORTANTE È AZZECCARE LO SPORT GIUSTO FIN DA BAMBINI!
E SICCOME SPORT GOOFY È UN DURO HA COMINCIATO CON UNO SPORT DURO! IL **FOOTBALL**!
PFUI! È UN ATLETA COMPLETO... PERCIÒ È PARTITO CON L'**ATLETICA LEGGERA**!

ED È DIVENTATO CAMPIONE DI NUOTO CON L'ATLETICA? FIGURIAMOCI!
BAH!
DOTI NATURALI, VI DICO!
SECONDO ME, LA SOLUZIONE È SEMPLICE!
E QUALE SAREBBE?
DA BAMBINO HA FATTO TUTTI GLI SPORT!
TUTTI? IMPOSSIBILE!
PER UN COMUNE MORTALE, FORSE... MA NON PER SPORT GOOFY!
PREDISPOSIZIONE!
ATLETICA!
NO! TUTTI!
FOOTBALL!
NUOTO!
PIF
PAFF
?
THUMP

RAGAZZI! RAGAZZI! SIATE SPORTIVI!
PACK
SOCK
PIF
PAF
URGH
POF
CON LA VIOLENZA, NON SI RISOLVE NULLA!
BE'... STAVAMO... EHM... DISCUTENDO!
AH, SÌ? UN PO' ANIMATA, COME DISCUSSIONE! E QUAL ERA L'ARGOMENTO?
TU!
IO?! LITIGAVATE PER CAUSA MIA?
SÌ! NON RIUSCIAMO A METTERCI D'ACCORDO...
... SU COME SEI DIVENTATO UN SUPERCAMPIONE!

182

È **NATO** CAMPIONE!
NO! LO È DIVENTATO!
GRAZIE ALL'**ATLETICA!**
HA FATTO **TUTTO!**
SOLO IL NUOTO!
ULP!
VERDE È BELLO
PIANTATELA, PER FAVORE!
SE FATE I BRAVI, VI RACCONTO COME HO COMINCIATO!
EVVIVA!
UAO!
SÌ!
PER PRIMA COSA, SFATIAMO UNA **LEGGENDA!** DA BAMBINO NON ERO UN FENOMENO, ANZI...
I FIORI SONO DI TUTTI

...ERO ADDIRITTURA UNA FRANA!
COSA?!
CI PRENDI IN GIRO?
NIENT'AFFATTO! NON SOLO ERO LA NEGAZIONE ASSOLUTA DEL TIPO SPORTIVO...
"...MA NON RIUSCIVO NEMMENO NELLE PIÙ NORMALI ATTIVITÀ! MANCAVO DI COORDINAZIONE..."
"...NON AVEVO ASSOLUTAMENTE EQUILIBRIO..."
BOM
"...E IL MIO SENSO DELLA POSIZIONE E...
?
"...DELL'ORIENTAMENTO LASCIAVA MOLTO A DESIDERARE!"

E QUANDO CERCAVO LA COMPAGNIA DI ALTRI RAGAZZI...
CERTO CHE PUOI GIOCARE A CALCIO CON NOI! CI MANCA GIUSTO UN **PALO DELLA PORTA!** AH! AH!
SIGH!
MA ALLORA, COM'È...
...CHE SONO DIVENTATO QUELLO CHE SONO?
MOLTO SEMPLICE! HO INCONTRATO UN **AMICO!**
OH!
SCOMMETTO CHE SI TRATTAVA DI UN **CAMPIONE** DI FOOTBALL!
CALMA! CALMA!
MA NO! ERA UN ISTRUTTORE CHE HA SAPUTO...
...FAR EMERGERE LE **DOTI NATURALI** CHE AVEVI E CHE...

L'AMICO DI CUI PARLO E' UNO **SPORT... CHE NON E' SOLO UNO SPORT!**
IN EFFETTI, COME LA MAGGIOR PARTE DEI BAMBINI, ANCH'IO AVEVO DELLE POSSIBILITÀ, SOLO CHE NESSUNO MI AVEVA INSEGNATO A ESPRIMERLE!
FINCHÈ UN GIORNO **FORTUNATO...**
CIAO, **BAMBINO!** VUOI GIOCARE CON NOI? MANCA GIUSTO UN **UOMO!**
NO... IO... ECCO... NON SONO PORTATO PER LO SPORT!
CHE SCIOCCHEZZE! SE NON SEI CAPACE, VIENI CON NOI... E IMPARERAI!
OH! DAVVERO, POSSO?
MA CERTO! E VEDRAI CHE DIVENTERAI QUALCUNO!

DA QUEL MOMENTO... NACQUE SPORT GOOFY! CHIARO?
BE'... NON TANTO! NON CI HAI ANCORA DETTO **QUALE** SPORT!
E' VERO! CHE SBADATO! LO **SPORT AMICO** E'...
...IL **MINIBASKET**!
COSA?!
IMPOSSIBILE! CI STAI PRENDENDO IN GIRO!
IL MINIBASKET NON E' UNO SPORT!
E' SOLO UN GIOCO PER BAMBINI! PUO' PREPARARE AL **BASKET**, MA...
NULLA DI TUTTO QUESTO! AVETE LE IDEE UN PO' CONFUSE, EH?
IL **MINIBASKET** E' UNA DELLE DISCIPLINE SPORTIVE PIU' ADATTE PER LA VOSTRA ETA'!

SVILUPPA ARMONIOSAMENTE MUSCOLI E CERVELLO!
... E VA BENE PER TUTTI! PER I PIÙ SPORTIVI E PER QUELLI CHE LO SONO MENO!
ECCO, QUESTO È IL MIO SEGRETO!
UHM...
SARÀ, PERÒ...
MAH!
CHE C'È? VI VEDO UN PO' SCETTICI!
E LO SIAMO! NON VORRAI FARCI CREDERE D'ESSERE DIVENTATO UN CAMPIONE FACENDO SOLO MINI-BASKET?
CERTO CHE NO! PERÒ È STATO QUESTO GIOCO A FAR SCOCCARE IN ME LA SCINTILLA!

POI, CON TANTO ALLENAMENTO, COSTANZA, FATICA... E ANCHE UN PO' DI FORTUNA, HO OTTENUTO QUALCHE RISULTATO!
MA IL MINIBASKET NON MI È SERVITO SOLO NELLO SPORT! INFATTI...
BUMP
...MI HA DATO MOLTISSIMO ANCHE NELLA VITA! A SCUOLA, PER ESEMPIO!
A SCUOLA?!
CERTO! MIGLIORANDO IL FISICO, SI MIGLIORA ANCHE IL CERVELLO! NON LO SAPEVATE?
BRAVISSIMO! SEI DIVENTATO IL PRIMO DELLA CLASSE!

MA PERCHÈ CERCARE DI SPIEGARE A PAROLE QUELLO CHE POSSO DIMOSTRARE CON I FATTI? EH! EH!
PENSATE ANCHE VOI...
...QUELLO...
...CHE PENSO IO?
SPORT GOOFY VUOLE ORGANIZZARE UN CORSO DI MINI-BASKET PER NOI!
INDOVINATO! TUTTI QUELLI CHE AMANO LO SPORT, MI SEGUANO!
EVVIVA!
BUMP
UN MOMENTO! TUTTI NON POSSIAMO!
OH, BELLA! E PERCHÈ?
SOLITAMENTE GIOCHIAMO TRA MASCHI!
GIUSTO!
SBAGLIATO, INVECE!

190

ECCO UNO DEI VANTAGGI DEL MINIBASKET: MASCHI E FEMMINE TUTTI IN CAMPO! EH! EH!
E BISOGNERÀ VEDERE CHI SARÀ MEGLIO!
PERCIÒ, RECLUTATE QUALCUN ALTRO E... ANDIAMO!
UAO!
SENTITO? VENITE CON NOI!
EVVIVA!

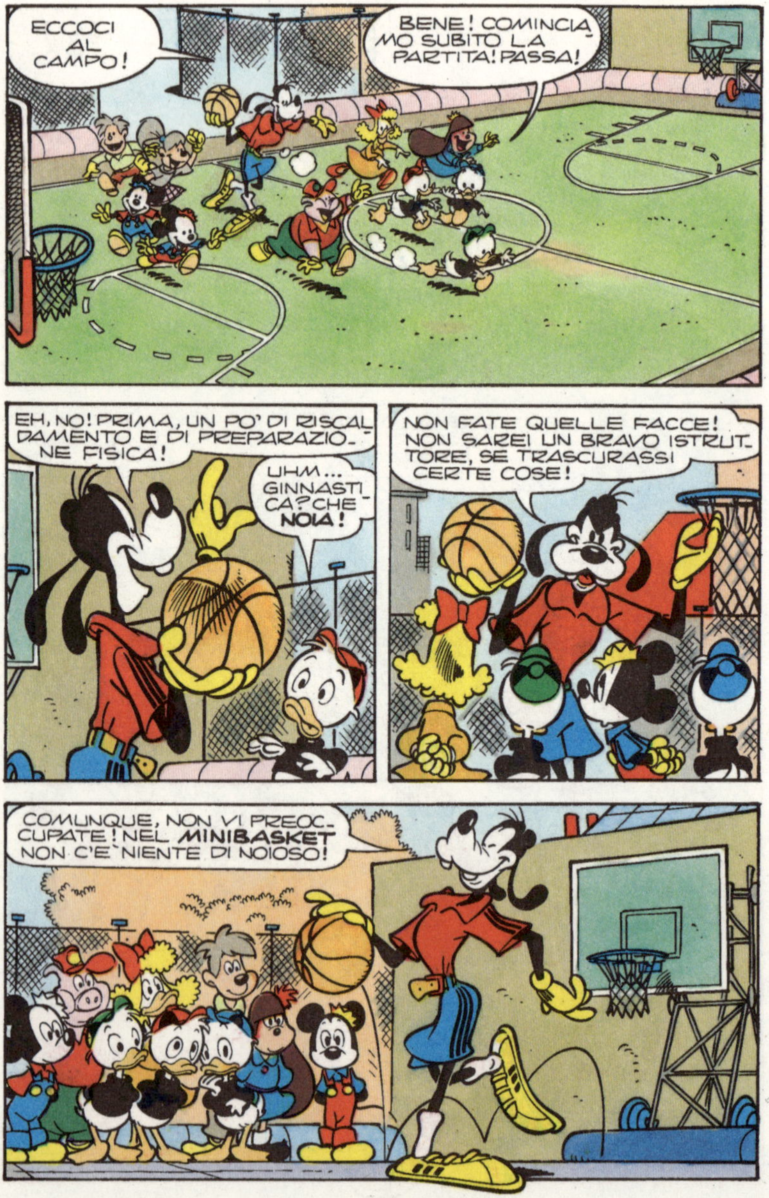

ECCOCI AL CAMPO!
BENE! COMINCIAMO SUBITO LA PARTITA! PASSA!
EH, NO! PRIMA, UN PO' DI RISCALDAMENTO E DI PREPARAZIONE FISICA!
UHM... GINNASTICA? CHE **NOIA**!
NON FATE QUELLE FACCE! NON SAREI UN BRAVO ISTRUTTORE, SE TRASCURASSI CERTE COSE!
COMUNQUE, NON VI PREOCCUPATE! NEL **MINIBASKET** NON C'È NIENTE DI NOIOSO!

ANCHE QUELLA CHE CHIAMATE GINNASTICA... SARÀ FATTA CON LA PALLA! VI DIVERTIRETE!
A PROPOSITO... NE ABBIAMO **UNA SOLA**!
VA BE'! TOCCHERÀ AL **MIGLIORE**!
CHI DI VOI PENSA DI ESSERE IL PIÙ IN GAMBA A MANEGGIAR PALLONI?
IO!
IO!
L'HO DETTO PRIMA IO!
NON È VERO!
ABBIAMO **ABBONDANZA** DI CAMPIONI, VEDO! MEGLIO COSÌ!

TENETE...
LA PALLA?
NO! QUESTI **SOLDI**... E ANDATE A COMPRARE PALLONI PER TUTTI!
UH?!
SARÀ IL VOSTRO **ESERCIZIO** DI RISCALDAMENTO! INTANTO, NOI LAVOREREMO CON UN SOLO PALLONE!
CHI È **GIÀ** BRAVO, PUÒ ANCHE FARNE A MENO! ANDATE!
PRIMA LEZIONE DI **MINIBASKET**: CONVIENE SEMPRE ESSERE **MODESTI**!
HAI PROPRIO RAGIONE!

PIÙ TARDI...
BENE! ABBIAMO FINITO ANCHE NOI!
ECCO-CI QUA!
PUFF! PANT!
ADESSO, POSSIAMO PASSA-RE AL REGOLAMENTO!
COSA?!
C'È DA STUDIARE? CHE PIZZA!
TSK! RI-CORDA CHE IL MI-NIBASKET È SO-PRATTUTTO UN GIOCO! E UN GIO-CO È DIVER-TENTE...

... QUAND'È SEMPLICE! IL MINI BASKET HA APPENA QUATTRO REGOLE FONDAMENTALI!
SO_LO?
PROPRIO COSÌ! ED ECCOVI LA PRIMA REGOLA!
PER RAGGIUNGERE IL CANESTRO, DEVO MUOVERMI! GIUSTO?
GIUSTO!
POSSO FARLO CORRENDO O CAMMINANDO, MA NON TENENDO LA PALLA IN MANO! QUESTO NON È RUGBY!
E NEMMENO CALCIO! PERCIÒ: VIETATO USARE I PIEDI!

IN TUTTI GLI SPOSTAMENTI, OCCORRE BATTERE SEMPRE LA PALLA A TERRA!
E CON UNA MANO SOLA!
QUESTO MOVIMENTO SI CHIAMA **PALLEGGIO**!
AVANTI! FATEMI VEDERE COME SAPETE PALLEGGIARE!
UHM... ABBIAMO MOLTO DA IMPARARE!

BENE! IMPARE-REMO! E LO FA-REMO...
DITELO VOI!
DIVERTENDOCI!
BRAVI! AVETE GIÀ CAPITO! EH! EH!
PER APPREN-DERE IL MINIBA-SKET ESISTONO MOLTI GIOCHI... E GIOCANDO S'IM-PARA!
COMINCIATE CON PICCOLI PALLEGGI, STANDO SEDUTI O DISTESI!
PASSATE IL PALLONE DIETRO LA SCHIENA!
FATE DE-GLI "8" INTOR-NO AI PIEDI, SPINGENDO LA PALLA!
FATE PASSARE LA PALLA TRA LE GAMBE!
SPINGETE LA PAL-LA, SENZA MAI PER-DERE IL CONTATTO CON LE DITA!

BENE! AVETE GIÀ FATTO GRANDI PROGRESSI! PASSIAMO ALLA **SECONDA REGOLA**! PER VINCERE, BISOGNA...
...MANDARE LA PALLA NEL CANESTRO, PIÙ VOLTE DELL'AVVERSARIO! VEDIAMO, QUINDI, COME VE LA CAVATE CON IL **TIRO**!
PONK
TONG
BONG

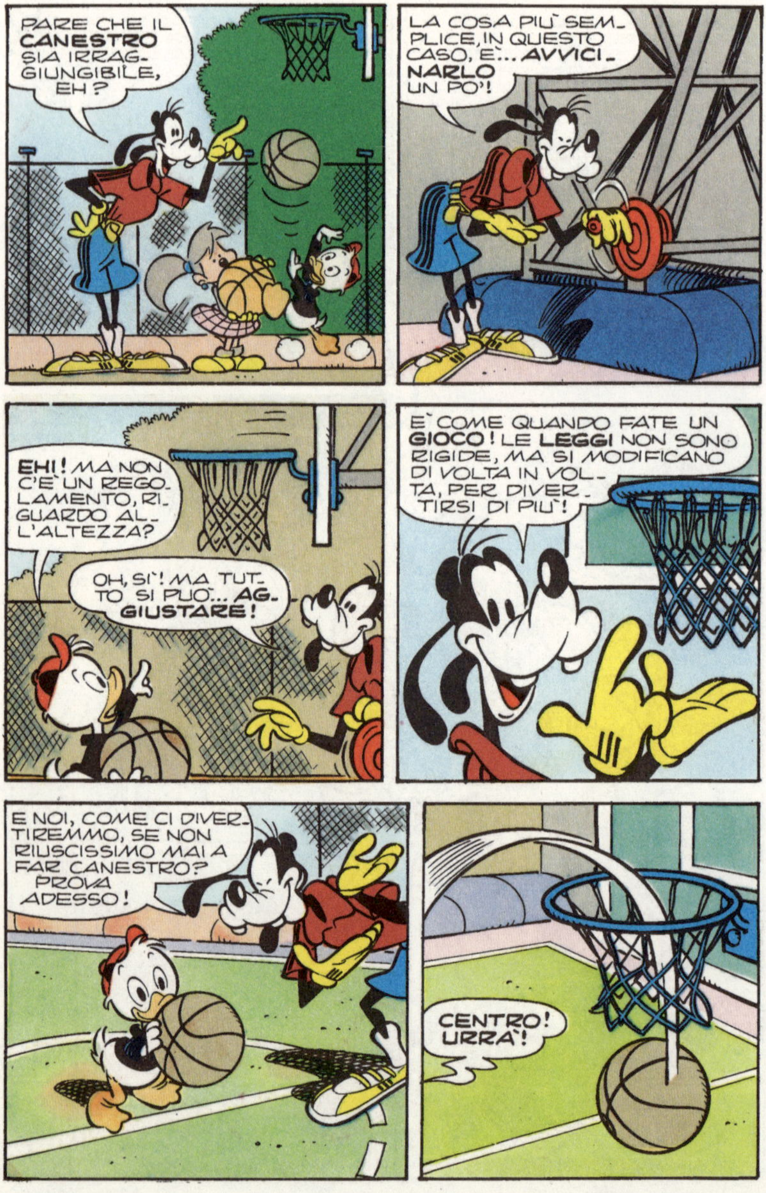
PARE CHE IL CANESTRO SIA IRRAGGIUNGIBILE, EH?
LA COSA PIÙ SEMPLICE, IN QUESTO CASO, È... AVVICINARLO UN PO'!
EHI! MA NON C'È UN REGOLAMENTO, RIGUARDO ALL'ALTEZZA?
OH, SÌ! MA TUTTO SI PUÒ... AGGIUSTARE!
È COME QUANDO FATE UN GIOCO! LE LEGGI NON SONO RIGIDE, MA SI MODIFICANO DI VOLTA IN VOLTA, PER DIVERTIRSI DI PIÙ!
E NOI, COME CI DIVERTIREMMO, SE NON RIUSCISSIMO MAI A FAR CANESTRO? PROVA ADESSO!
CENTRO! URRÀ!

AVEVI RAGIONE! COSÌ È PIÙ FACILE E DIVERTENTE!
EH! EH! ADESSO VADO A SISTEMARE ANCHE L'ALTRO CANESTRO!
PER ALZARLI, CI SARÀ SEMPRE TEMPO!
CE L'HO FATTA!
BENE!
UAO!
CANESTRO!

STOP, ADESSO! TUTTI QUI!
E' ARRIVATO IL MOMENTO DI PARLARE DELLA TERZA REGOLA!
FINORA CI SIAMO DIVERTITI SINGOLARMENTE...
...MA IL MINIBASKET NON E' UN GIOCO INDIVIDUALE! E' UNO SPORT DI SQUADRA! E IN UNA SQUADRA...
...TUTTI DEVONO COLLABORARE! BISOGNA QUINDI, PASSARSI LA PALLA! E CIO' SI FA CON IL PASSAGGIO! TIENI!
OPS!
NON TI PREOCCUPARE! FAREMO IN FRETTA A MIGLIORARE!

LA PALLA PUO` ESSERE PASSATA CON UNA O DUE MANI... DAVANTI E DIETRO!
ECCOVI UN BEL GIOCHETTO! CERCATE DI PASSARVI LA PALLA, RESPINGENDOLA CON I PUGNI!
CON PIU` PALLONI E PASSANDOSI LA PALLA SENZA UN ORDINE PRESTABILITO, SI MIGLIORANO RIFLESSI E COLPO D'OCCHIO!
ECCO UN... **UNO CONTRO TUTTI!** QUI E` FONDAMENTALE LA VELOCITA', PER PASSARE UN PALLONE, MENTRE L'ALTRO E` GIA` IN ARRIVO!

E ADESSO, SIAMO PRONTI PER LA **QUARTA** E ULTIMA **REGOLA**!
PER VINCERE, NON BASTA SEGNARE CANESTRI!
BISOGNA ANCHE FARNE SEGNARE POCHI AGLI AVVERSARI! QUINDI... **DIFESA**!
MA NON COSÌ! LA PALLA VA DIFESA O RICONQUISTATA USANDO MEZZI **LEALI**!
NEL **MINIBASKET**, NON C'È SPAZIO PER LA VIOLENZA E IL GIOCO DURO! E ORA, TUTTI AL LAVORO!

E COSÌ, DOPO MOLTI ESERCIZI...
VI SIETE PREPARATI ABBASTANZA! POSSIAMO FARE LA PRIMA PARTITA!
C'È, TRA VOI, QUALCUNO DEBOLE IN ARITMETICA?
SÌ! LUI!
È UN DISASTRO CON I NUMERI!
SGRUNT!
BENE! TU TERRAI CONTO DEL PUNTEGGIO! TI SERVIRÀ DI... RIPASSO! EH! EH!
E ORA, TUTTI A... ULP!
UN MOMENTO!

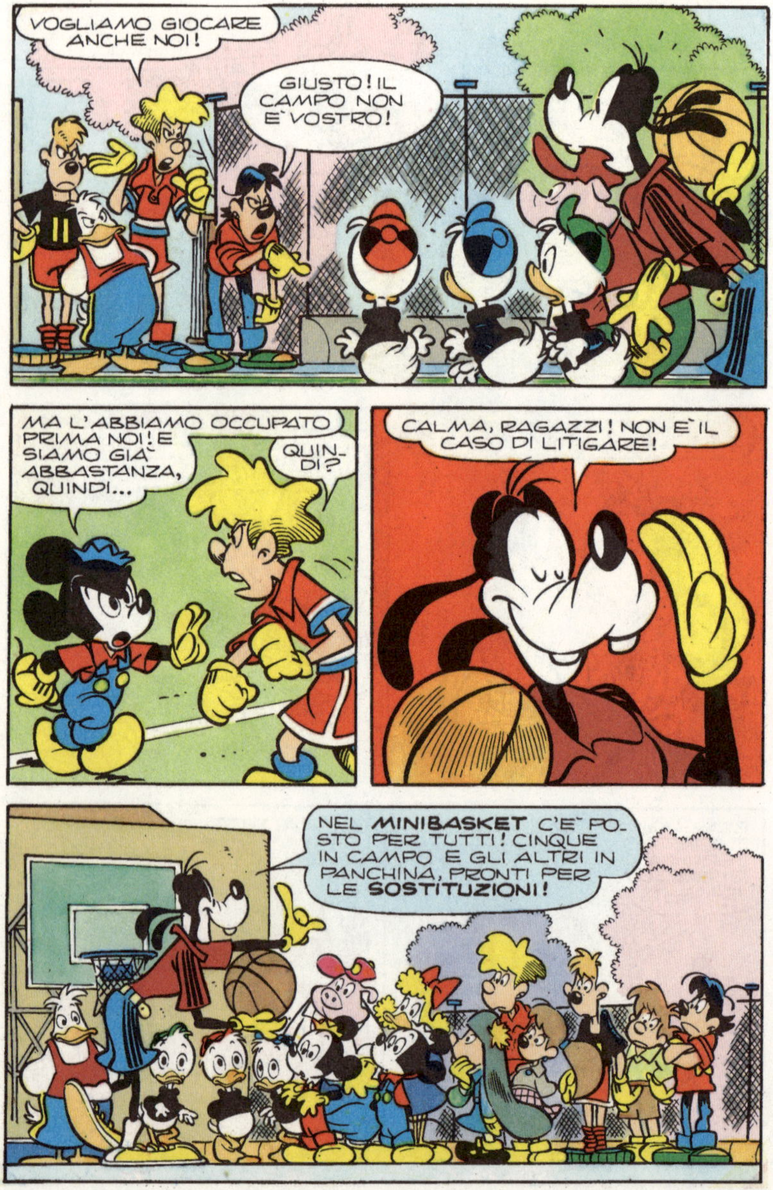
VOGLIAMO GIOCARE ANCHE NOI!
GIUSTO! IL CAMPO NON E' VOSTRO!
MA L'ABBIAMO OCCUPATO PRIMA NOI! E SIAMO GIÀ ABBASTANZA, QUINDI...
QUINDI?
CALMA, RAGAZZI! NON È IL CASO DI LITIGARE!
NEL **MINIBASKET** C'È POSTO PER TUTTI! CINQUE IN CAMPO E GLI ALTRI IN PANCHINA, PRONTI PER LE **SOSTITUZIONI**!

NESSUNO DEVE SENTIRSI UN... CAMPIONE INSOSTITUIBILE, E NESSUNO DEV'ESSERE ESCLUSO!
VOI DUE, PERÒ, SIETE UN PO' TROPPO GRANDICELLI! FINIRESTE PER NON FAR TOCCARE PALLA AGLI ALTRI!
OH! ALLORA...
ALLORA, TU FARAI L' ARBITRO E TU IL CRONOMETRISTA! VE L'HO DETTO: IL MINIBASKET È GRANDE... E HA POSTO PER TUTTI!
EVVIVA!
TIENI!
E TU, NON ESSERE TROPPO FISCALE! UN BUON ARBITRO DI MINIBASKET È SOPRATTUTTO UN AMICO PER I GIOCATORI!
EH! EH! HO CAPITO!

A VOI! E VINCA IL MIGLIORE!
CREDO DI ESSERMI MERITATO UN PO' DI RIPOSO!
PROPRIO BELLO, IL **MINIBASKET!** NESSUN PROBLEMA E...
...E HO PARLATO **TROPPO PRESTO!**
NON GIOCO PIU'!
CHE SUCCEDE?
SUCCEDE CHE NON MI PASSANO MAI LA PALLA! **SIGH!**
E HANNO RAGIONE LORO! SONO TROPPO SCARSO! **BUUUH!**
HANNO **TORTO.** INVECE!

208

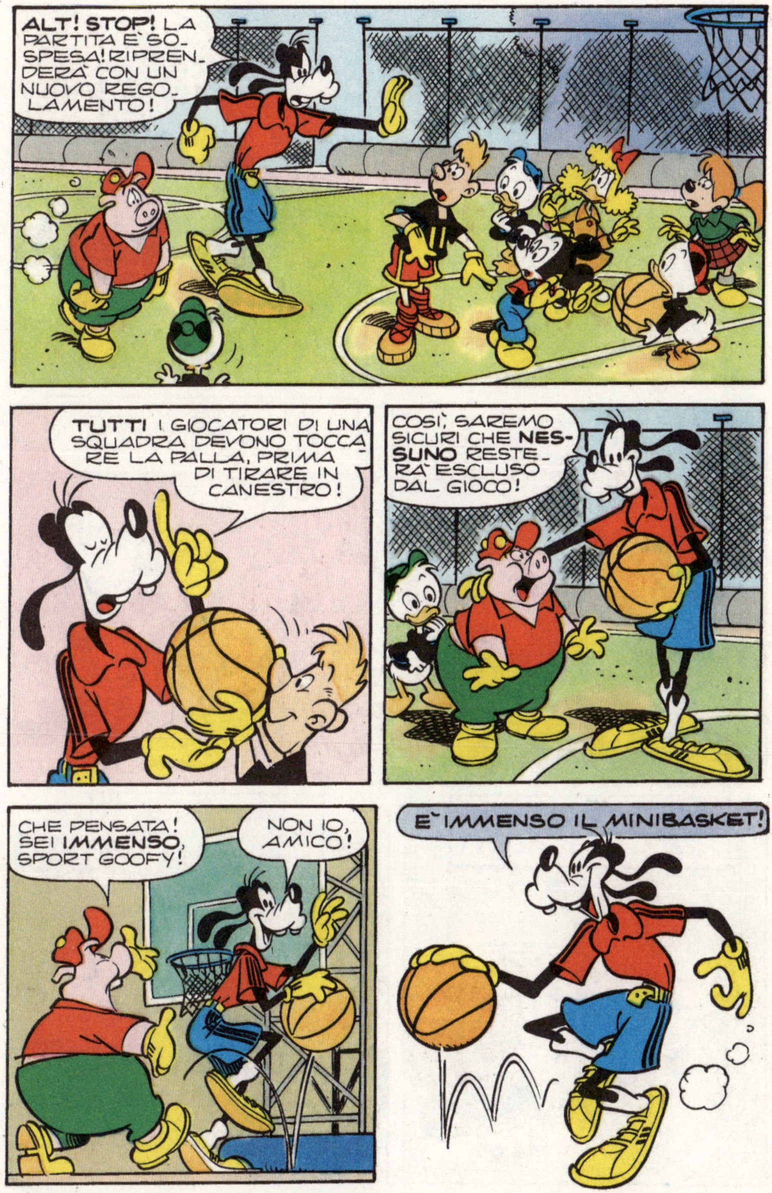
ALT! STOP! LA PARTITA È SOSPESA! RIPRENDERÀ CON UN NUOVO REGOLAMENTO!
TUTTI I GIOCATORI DI UNA SQUADRA DEVONO TOCCARE LA PALLA, PRIMA DI TIRARE IN CANESTRO!
COSÌ, SAREMO SICURI CHE NESSUNO RESTERÀ ESCLUSO DAL GIOCO!
CHE PENSATA! SEI IMMENSO, SPORT GOOFY!
NON IO, AMICO!
È IMMENSO IL MINIBASKET!

SGUISH
PER I GIOVANI CHE VOGLIONO DIVENTARE PIÙ FORTI... È IL NUMERO UNO!
CIUFF
UAO! CHE BOMBA!
PRATICATELO CON PASSIONE E, NON SOLO PASSERETE ORE LIETE...
"...MA VI SCOPRIRETE OGNI GIORNO PIÙ SCATTANTI, PIÙ PRONTI..."
"...PIÙ SOCIEVOLI E BEN DISPOSTI VERSO GLI ALTRI! PIÙ... PIÙ..."
"...PIÙ IN GAMBA, INSOMMA!"

E COSÌ, QUALCHE CAMBIO DOPO...
TOCCA A VOI, ADESSO! FATEVI ONORE!
ALLORA, CHE NE PENSATE DEL MINIBASKET?
OH, È UN GIOCO MERAVIGLIOSO!
VORREI CHE NON FINISSE MAI!
E IL GIUDIZIO È UNANIME! INFATTI, PIÙ TARDI...
COSA? GIÀ FINITO?
NO! ANCORA!
È TROPPO BELLO!
PER FAVORE, SPORT GOOFY!
ALTRI CINQUE MINUTI, DAI!

NIENTE DA FARE! IN TUTTE LE COSE, CI VUOLE GRADUALITÀ! MAI ESAGERARE!
BE', IN EFFETTI SIAMO UN PO' STANCHI!
SI VA, ALLORA?
UN MOMENTO! IL **LAVORO** NON È ANCORA FINITO!
UH?
PRIMA DI TORNARE A CASA, BISOGNA RACCOGLIERE I PALLONI!
FORZA, RAGAZZI!
GUARDA CHE **GANCIO!**

212

SCUSA, SPORT GOOFY! POSSO FARTI UNA DOMANDA?
CERTO, CARO! DIMMI!
ECCO... IL MINIBASKET È MOLTO BELLO... MA IO FACCIO GIÀ TENNIS E... E...
E...
BE'... NON VORREI ROVINARMI L'IMPOSTAZIONE!
MA NO! NON TI PREOCCUPARE! IL MINIBASKET È COMPATIBILE...
...CON QUALSIASI SPORT! SPECIALMENTE CON QUELLI CHE SVILUPPANO UNA PARTE DEL CORPO PIÙ DELLE ALTRE!
CI VEDIAMO DOMANI?
NATURALMENTE!
UNA COSA, DOBBIAMO DIRTI! VERO, RAGAZZI?
CERTO! EH! EH!

VIVA IL MINIBASKET!!!
VISTO CHE ENTUSIASMO? SCOMMETTO CHE E' VENUTA VOGLIA ANCHE A TE!
NON PERDERE TEMPO, ALLORA! LO SPORT TI ASPETTA!
FINE

CICCIO
CAMPIONE
CIBOATLETA
WALT DISNEY
ROOONF...
J-2587-6
POSTAAA!
ZZZ...EH? UH?
PISTAAA!

EVVIVAAA!
CHE COSA SUCCEDE, CICCIO?
SONO STATO CONVOCATO! PARTECIPERO' ALLE GARE CIBO-SPORTIVE!
MA E' STUPENDO!
E COSÌ...
...E METTITI IL TOVAGLIOLO DI LANA!
QUACKTOWN BUS
STAI TRANQUILLA, NONNA!
CHE EMOZIONE! ALLE GARE PRENDONO PARTE I MIGLIORI MANGIATORI DEL MONDO!
PAPEROPOLI
VROOM

216

STADIO DI PAPEROPOLI
BUONGIORNO, STO CERCANDO...
TU DEVI ESSERE **CICCIO**!
TI STAVAMO ASPETTANDO! IO SONO...
GIOVANNI STRAPAZZONI, L'ALLENATORE DELLA **NAZIONALE MANGIANTI**! E' UN ONORE CONOSCERVI!
PIACERE MIO! VIENI, VOGLIO PRESENTARTI I TUOI **COMPAGNI DI SQUADRA**!
UAO!
SPOGLIATOIO
N M

PIU' TARDI...
STIAMO PER ATTERRARE, RAGAZZI!
NAZIONALE MANGIANTI
WOOOSH
PREPARATEVI A UN'ACCOGLIENZA CALOROSA! I GRANDI FAVORITI SIAMO NOI!
ULP!
ECCOLI LA'!
AVEVATE RAGIONE, MISTER!
EH, EH!
BUUU! ANDATE VIAAA!
N. M.

E QUESTI CHI SONO?
I TIFOSI DELLA NAZIONALE DELL' ISOLA DI BARBECUE! ASPETTANO L'ARRIVO DELLA LORO SQUADRA!
FORZA BARBECUE
SPARITEEE!
DOBBIAMO STARE ATTENTI! ANCHE I BARBECUE HANNO MOLTE POSSIBILITA' DI VINCERE!
ALLORA NON C'E' TEMPO DA PERDERE
INIZIEREMO SUBITO GLI ALLENAMENTI!
E COSÌ...
BURP!
SLURP! MAI VISTO ALLENAMENTI COSÌ PIACEVOLI!
CHOMP
ARF
GNAM

FINCHE'...
AMICI CIBOSPORTIVI, E' IL VOSTRO PINO BRUZZUL CHE VI PARLA DA SPOONVILLE, DOVE SEGUIREMO LE GARE IN DIRETTA!
PER LA GARA DI GOLF-POLPETTA ECCO MIKE MEATBALL DELLA NAZIONALE MANGIANTI!
FORZA, MIKE!
IL LANCIO E' IMPECCABILE COME AL SOLITO!
PLOTCH
ED ECCO CHE PARTE ALL' INSEGUIMENTO DELLA POLPETTA!
ALE'

E' UN TIRO **MOLTO DIFFICILE!** RIUSCIRA' MEATBALL NEL SUO INTENTO?
SCREEEK
GLOM!
FIIII
ED E' **BUCA AL PRIMO COLPO!** LA FOLLA E' IN DELIRIO!
URRAAA'! EVVIVAAA!
FORZA N. M.
MA...
UN MOMENTO! QUALCOSA NON VA!
FSSSS
SEMBRA CHE LA POLPETTA INGERITA DA MEATBALL SIA **TALMENTE PICCANTE...**
AAAH! BRUCIAAA!

...DA IMPEDIRGLI DI PROSEGUIRE LA GARA! LA VITTORIA VA QUINDI A HARRY HOT DELLA NAZIONALE BARBECUE!
GLU GLU
GLU
SGRUNT! QUESTA NON CI VOLEVA!
POVERO MIKE!
E' ORA IL MOMENTO DELLA GARA DI NUOTO NEL SUCCO DI FRUTTA!
NM
B
SONO PARTITI! PERRY PEACH DEI BARBECUE E' IN VANTAGGIO, SEGUITO DA JERRY JUICE DELLA NAZIONALE MANGIANTI!

222

E VINCE PERRY PEACH DEI BARBECUE!
ANF... SPLUT!
CHE COSA E' SUCCESSO, JERRY?
PURTROPPO NELLA VASCA C'E' **SUCCO DI PESCA** E IO MI ERO ALLENATO A NUOTARE IN QUELLO DI **ALBICOCCA**!
UHM... DAVVERO STRANO!
POI...
CLAMOROSO! **FREDDY FORK**, IL CAMPIONE DI **TIRO CON ARCO E FORCHETTA** DELLA NAZIONALE MANGIANTI...
...NON E' RIUSCITO A FARE CENTRO **NEANCHE UNA VOLTA**!
PANT... PANT...

223

CON IL SUO CENTRO PERFETTO IL VINCITORE E' MARVIN MAGNET DEI BARBECUE!
EH, EH!
TOCK
SGRUNT!
BARBECUE
ED ECCOCI ALL'ULTIMA GARA DELLA GIORNATA, QUELLA DI SALTO CON LA BAGUETTE!
IL GRAN FAVORITO E' BRAD BREAD DELLA NAZIONALE MANGIANTI! ECCOLO IN AZIONE!
COLPO DI SCENA! LA BAGUETTE DI BREAD SI SPEZZA, IMPEDENDOGLI DI SALTARE!
GULP!
SNAP

HOP!
GUARDATE, MISTER!
CHE COSA C'E', BRAD?
VINCE **BILLY BITE**, DEI BARBECUE!
LA MIA BAGUETTE E' STATA **MORSICATA**! ECCO PERCHE' SI E' ROTTA!
PIU' TARDI...
DOMANI TOCCA A TE, CICCIO! SEI LA NOSTRA **ULTIMA** SPERANZA!
MI RACCOMANDO!

GROAN! TUTTI SI ASPETTANO CHE IO VINCA! E' UNA BELLA RESPONSABILITÀ!
FORSE UNO SPUNTINO MI AIUTERÀ A PRENDERE SONNO! YUM!
SLURP! VA DECISAMENTE MEGLIO!
SIETE STATI BRAVISSIMI, RAGAZZI!
GRAZIE, MISTER!
?!?
QUEI BABBEI HANNO AVUTO CIÒ CHE MERITAVANO...
...E VOI LI AVETE SABOTATI ALLA PERFEZIONE!
EH, EH!
G-GULP! SONO GLI ATLETI DELLA NAZIONALE BARBECUE! E QUELLO È IL LORO ALLENATORE, GUY BADGUY!

PER VINCERE CI MANCA **SOLO** LA GARA DI DOMANI, MA CON IL NOSTRO **FELIX** ANDIAMO SUL SICURO!
UH, UH!
IH, IH!
ULP! CHE ENERGUMENO!
HO SENTITO ABBASTANZA! MEGLIO ANDARE A RIPOSARE!
DOMANI CI SARA' BISOGNO DI **TUTTO** IL MIO IMPEGNO!
BUONGIORNO, SPOONVILLE! OGGI LE GARE ENTRANO NELLA FASE DECISIVA CON IL **PENTACHOMP!**
N.M.
N.M.

I BARBECUE SONO IN VANTAGGIO DI BEN QUATTRO PUNTI SULLA NAZIONALE MANGIANTI...
SGRUNT!
...MA LE CINQUE DISCIPLINE CHE COMPONGONO IL PENTACHOMP POTREBBERO RIBALTARE TUTTO, VALENDO UN PUNTO CIASCUNA!
TSK!
ED ECCO GLI ATLETI, CICCIO E FELIX FIVE, PRONTI A DISPUTARE LA PRIMA PROVA, QUELLA DI SCHERMASPIEDINO!
SIETE PRONTI?
VIA!
GNAM!

INCREDIBILE! CICCIO VINCE DIVORANDO LO SPIEDINO DI FIVE ALLA PRIMA STOCCATA!
NON MALE, COME ANTIPASTO!
ALE!
I DUE CAMPIONI SONO ORA PRONTI AD AFFRONTARE LA CORSA A OSTACOLI COMMESTIBILI!
VIA!
CICCIO
CICCIO SBRANA TUTTI GLI OSTACOLI. UNO DOPO L'ALTRO...
...DISTANZIA SENSIBILMENTE FELIX FIVE...
ANF... PANT...
BARBECUE

...E TAGLIA IL TRAGUARDO DOPO AVER FATTO **DUE VOLTE** IL GIRO DEL TRACCIATO!
ARRIVO!
ED ECCOCI AL **LANCIO DELLA FRITTATA**, SPECIALITA' DI CUI FIVE E' INDISCUSSO PALADINO!
ZIIIP
FORZA CICCIO
LA SUA FRITTATA PASSA SUGLI SPALTI...
EH, EH!
... E TORNA INDIETRO PER ESSERE ADDENTATA! UN LANCIO **DA MANUALE**!
SGNAC

E' ORA IL TURNO DI CICCIO!
ZIIIP
ANCHE LA SUA FRITTATA VOLA SULLE GRADINATE...
HOT DOG
THUD
...E RACCOGLIE AL VOLO GLI HOT DOG DI UN CHIOSCO AMBULANTE!
URRAAA!
LA FRITTATA FARCITA TORNA POI AL MITTENTE...
SWISSH
N.M.
...CHE NE FA UN SOL BOCCONE! ANCHE QUESTA GARA E' DI CICCIO!
GLOM!

POI...
I CONCORRENTI AFFRONTANO ORA LA DISCESA DELLA PISTA ARTIFICIALE DI SLALOM-BUFFET!
START
FELIX FIVE E' IN VANTAGGIO, MA NON RIESCE A FINIRE LA SUA PARTE!
SENSAZIONALE! CICCIO SPAZZOLA ANCHE GLI AVANZI DEL RIVALE...
CHOMP
... SI PORTA RAPIDAMENTE IN VANTAGGIO...

START
...E TAGLIA IL TRAGUARDO ACCLAMATO DA TUTTI!
VAI, CICCIO!
W CICC
SIAMO GIUNTI ALL'ULTIMA GARA DEL PENTACHOMP, LA SCARPETTA ACROBATICA! BISOGNA GETTARSI DALTRAMPOLINO LEGATI BEN STRETTI...
ARF... GNAM...
...SPAZZOLARE UNA PORTATA PIU' IN FRETTA CHE SI PUO'...

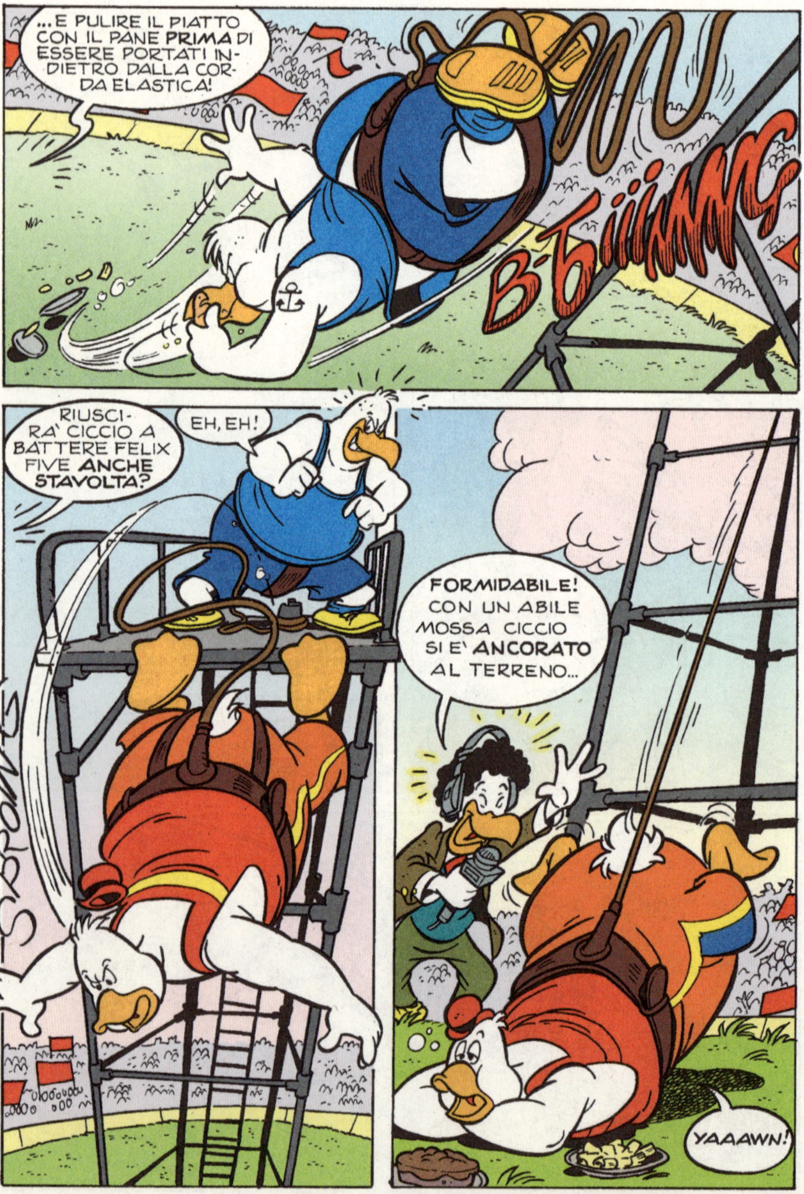
...E PULIRE IL PIATTO CON IL PANE **PRIMA** DI ESSERE PORTATI INDIETRO DALLA CORDA ELASTICA!
B-BIIIINNNG!
RIUSCIRA' CICCIO A BATTERE FELIX FIVE **ANCHE STAVOLTA?**
EH, EH!
SPROIINNG
FORMIDABILE! CON UN ABILE MOSSA CICCIO SI E' **ANCORATO** AL TERRENO...
YAAAWN!

...COSÌ HA TUTTO IL TEMPO DI MANGIARE PRIMO, SECONDO, DOLCE...
YUM... CHOMP...
...E DI FARE LA SCARPETTA IN OGNI PIATTO!
OH, NO! SI STA APPISOLANDO! SE NON RIUSCIRÀ A RITORNARE SUL TRAMPOLINO, IL VINCITORE SARÀ FELIX FIVE!
UH?
SBALORDITIVO! CICCIO SI È RIPRESO E CONCLUDE LA GARA!
TOIIIING

E COSÌ...
LA GIURIA PROCLAMA CICCIO CAMPIONE MONDIALE DI PENTACHOMP! LA NAZIONALE MANGIANTI HA VINTO LE CIBOGARE!
UN MOMENTO!
PENTACHOMP
CHE COSA C'È, ALLENATORE STRAPAZZONI?
VORRESTE DARE IL TERZO POSTO A QUEGLI IMBROGLIONI DEI BARBECUE?
EHI! COME TI PERMETTI?
TSK! CICCIO, TOCCA A TE!
L'ALTRA NOTTE HO SENTITO L'ALLENATORE BADGUY LODARE LA SUA SQUADRA PER AVER SABOTATO TUTTE LE GARE E COSÌ L'HO RACCONTATO AL MISTER!

E IO, MENTRE CICCIO GAREGGIAVA, HO RACCOLTO LE PROVE! PREGO, RAGAZZI!
HO TROVATO ALCUNE POLPETTE PICCANTI NELLA SACCA DA GOLF DI HARRY HOT!
H.H.
EHM...NON CAPISCO COME POSSANO ESSERCI FINITE!
BAR
QUESTI ERANO NELLA STANZA DI PERRY PEACH! IO NUOTO MEGLIO NEL SUCCO DI ALBICOCCA E LUI HA FATTO LO SCAMBIO PRIMA DELLA GARA!
SUCCO ALLA PESCA
UCCO ALLA ESCA
PENTACHOMP
NELLA FARETRA DI MARVIN MAGNET C'ERA QUESTA CALAMITA! SICURAMENTE L'HA USATA PER DIROTTARE LE MIE FORCHETTE!
MM
"ECCO PERCHE' NON RIUSCIVO A FARE CENTRO!"
EH, EH!

INFINE, CONFRONTANDO IL MORSO TROVATO SULLA MIA BAGUETTE CON LA DENTATURA DI BILLY BITE...
... VEDRETE CHE CORRISPONDONO PERFETTAMENTE!
EHM...
SE LE COSE STANNO COSÌ, LA NAZIONALE DELL'ISOLA DI BARBECUE E L'ALLENATORE GUY BADGUY SONO SQUALIFICATI!
ANDATE, E NON RIPRESENTATEVI PER UN BEL PO'!
GROAN...
PER I SUOI MERITI CONSEGNIAMO A CICCIO IL TRADIZIONALE TROFEO DEL VINCITORE!
UAO! SONO UNO SPIEDO-ATLETA!
EHI, MA... PERCHÉ SCAPPA?
DOVE VAI, CICCIO?
ZIIIP

STA ENTRANDO IN QUEL RISTO-RANTE!
SPERO NON VO-GLIA MANGIARE ANCORA!
EHM... SENZA OFFESA, CICCIO, MA DOPO TUTTE QUESTE PERIPEZIE CI E' PASSATA LA FAME!
NON C'E' PROBLE-MA, AMICI!
AH, AH, AH!
LE VOSTRE POR-ZIONI LE FINISCO IO! SLURP!
FINE

ZIO PAPERONE
E LA CORSA
ALLA MEDAGLIA
WALT DISNEY
CI TROVIAMO NEL PITTORESCO E RIDENTE PRINCIPATO DI RIPIDONIA, UN MINUSCOLO STATO CIRCONDATO DA ALTE MONTAGNE...
FLOW
FLOW
J-2931-4

...SITUATO PROPRIO NEL CUORE DELLA VECCHIA EUROPA!
REPUBBL CECA
GERM A
RIPIDONIA
AUSTRIA
ERA
ITALIA
SLOVENI
MI VUOI DIRE PERCHE' SIAMO QUI?
PER UN MOTIVO BEN PRECISO, NIPOTE!
LA RIPIDONIA E' FAMOSA PER LA SUA PRODUZIONE DI TARTUFI!
EXIT→
GATE 1-2
GATE 3
"NEI SUOI BOSCHI CRESCONO QUALITA' DI GRAN PREGIO!"
IL PRINCIPE HA DECISO DI COMMERCIALIZZARLI ANCHE A PAPEROPOLI...
TAXI
TAXI
AERO

...E DEVE SCEGLIERE UN IMPORTATORE UFFICIALE!
SCOMMETTO CHE INTENDI OFFRIRTI!
ECCOME!
QUEI GROSSI TUBERI VALGONO COME L'ORO!
TU, PAPERINO, MI ASSISTERAI NELLE TRATTATIVE IN QUALITA' DI SEGRETARIO!
VOI, INVECE, SIETE QUI COME OSSERVATORI!

243

APPROFITTATENE PER IMPARARE COME SI CONCLUDE UN AFFARE!
!
ECCO, ORMAI DOVREMMO ESSERE QUASI ARRIVATI ALLA **CAPITALE!**
E' **OOOH!** UN POSTO **MERAVIGLIOSO!**

AMMIRERETE LA CITTÀ...CAMMINANDO! IL PALAZZO REALE NON DOVREBBE ESSERE LONTANO!
OSSEQUI, ECCELLENZA!
GRAZIE, AMICO MIO!
VEDO CHE IL TUO MEDAGLIERE E' ANCORA AUMENTATO!
NON MI LAMENTO!
VIA MAH
SALVE, CAMPIONE!

EHI, AVETE VISTO?
E' STRANISSIMO!
VIA VAI
MAMMA, QUELLI SONO SENZA MEDAGLIE!
CHE VERGOGNA!
VIA VAI
?!
Alimentari
GUARDATE! NEMMENO UNA!
CHE COSA DISDICEVOLE!
SCREANZATI!
BUUUH!
EHM... FORSE E' MEGLIO ENTRARE IN QUEL BAR!
GIA'! TEMO CHE CI ABBIANO PRESO IN ANTIPATIA!

246

QUI POTREMO CHIE-
DERE QUALCHE
SPIEGAZIONE!
E MAGARI FARE AN-
CHE MERENDA!
PRIVATO
PER ME UN FRAPPE'
AI MIRTILLI,
SAM!
UNA DOPPIA LIMONATA
FRESCA!
MA...
UN CONO GELATO
ALL'AMARENA!
SGRUNT!

CHE MODI SONO QUESTI? TOCCAVA A NOI!
IN RIPIDONIA QUESTA E' LA **CONSUETUDINE**, STRANIERI!
QUELLI CHE HANNO PIU' MEDAGLIE VENGONO SERVITI **PRIMA DEGLI ALTRI!**
?!
E PERCHE' MAI?
E' UNA NOSTRA **TRADIZIONE**, ANCHE SE PUO' SEMBRARE UN PO' STRANA!
DEFINIRLA SOLAMENTE "STRANA" MI PARE POCO!
EPPURE, DA QUALCHE TEMPO, QUI LE COSE VANNO COSI'!
E PIU' AUMENTANO LE MEDAGLIE, PIU' CRESCE IL **PRESTIGIO SOCIALE!**
!
RIVATO

248

QUESTA USANZA E' STATA INTRODOTTA DAL PRINCIPE, QUANDO ERA ANCORA GIOVANE!
E ORA E' UNA LEGGE CHE TUTTI RISPETTIAMO!
PERCHE' AVREBBE FATTO UNA SIMILE COSA?
NESSUNO LO SA CON ESATTEZZA!
PERO', VISTO CHE SUA ALTEZZA E' MOLTO AMATO, I CITTADINI L'HANNO ACCETTATO DI BUON GRADO...
"...E HANNO ANCHE FINITO PER TROVARLA DIVERTENTE!"
SE NON ALTRO, ADESSO SAPPIAMO IL MOTIVO DI TUTTE QUELLE MEDAGLIE!
MEGLIO ANDARE, ADESSO! SI STA FACENDO TARDI!

ECCO IL PALAZZO REALE!
DAVVERO MOLTO ELEGANTE!
DOBBIAMO VEDERE IL PRINCIPE!
TEMO CHE NON SIA POSSIBILE!
E PERCHÉ, SE È LECITO CHIEDERE?
FORSE NON VI PIACE COME SIAMO VESTITI?
NON È PER QUELLO! IL FATTO È CHE NON AVETE MEDAGLIE!
?!
PER ESSERE AMMESSI ALLA PRESENZA DI SUA SIGNORIA...
...DOVRETE GUADAGNARNE ALMENO UNA!

E RICORDATE CHE IL NOSTRO PROTOCOLLO E' PIUTTOSTO RIGIDO! SOLO CHI HA GUADAGNATO LA PROPRIA MEDAGLIA **PERSONALMENTE** PUO' PRESENTARSI AL PRINCIPE!
CHE FACCIAMO, ADESSO?
NON HO MOLTA SCELTA: DOVRO' CERCARE DI VINCERE QUALCOSA!
NOI ANDIAMO ALLO **STADIO**, RAGAZZI!
A QUANTO PARE, E' LA' CHE SI POSSONO GUADAGNARE LE PREZIOSE COCCARDE!
QUANTO A VOI, POTETE CONSIDERARVI LIBERI!
NE APPROFITTEREMO PER VISITARE LA CAPITALE!
MA GUARDA CHE COSA MI TOCCA FARE! **SGRUNT!**
NON PRENDERTELA! E' SOLO UNA QUESTIONE DI PROTOCOLLO!

PER AGGIUDICARSI UNA MEDAGLIA, OC-CORRE SUPERARE UNA SERIE DI **PROVE!**
DI CHE GENERE?
SONO SFIDE CHE RICHIEDO-NO **ABILITA' E DESTREZZA!**
!
COME VEDETE, LA SCELTA E' MOLTO AMPIA!
UHM...
COMINCERO' CON **QUESTA!**
OTTIMA DECISIONE!
SARA', MA NON NE SONO PIU' COSI' SICURO!

COME FUNZIONA ESATTAMENTE?
IL CONCORRENTE DEVE CAMMINARE IN EQUILIBRIO LUNGO L'ASSE SOSPESA...
...FINO A RAGGIUNGERE QUELLA PEDANA LÀ IN FONDO!
SEMBRA PIUTTOSTO SEMPLICE!
NON PROPRIO! PER TUTTO IL TRAGITTO SARETE BERSAGLIATO DA **DARDI IMBOTTITI...**
...LANCIATI DAI NOSTRI PIÙ MEDAGLIATI BALESTRIERI!
LA PROVA PUÒ COMINCIARE! BUONA FORTUNA!
NON SO PERCHÉ, MA MI SENTO UN PO' **RIDICOLO!**

253

PRONTI CON IL LANCIO!
SWIIISS
SWIIISS
URGH!
SWIIII...SS
SCHIVATO!
SWIIISS
SCHIVATO ANCHE QUESTO!
SWIIIISS

EH, EH! MI SEMBRA DI ESSERE TORNATO AI TEMPI DEL KLONDIKE, QUANDO...
SWIIIISS
SOCK
UHI!
SOCK
URGH!
OOOF!
BE', SE NON ALTRO QUEI MATERASSI SEMBRANO PIUTTOSTO MORBIDI!
PAFF
COME VA, ZIONE?
GROAN! HO AVUTO MOMENTI MIGLIORI!

MA NON POSSO ARRENDERMI, DEVO RITENTARE!
NOTO CON PIACERE CHE SEI IN DIFFICOLTÀ, VECCHIA TUBA!
ROCKERDUCK?!
IN PERSONA! EH, EH!
GUADAGNERÒ UNA MEDAGLIA PRIMA DI TE, E SARÒ IO A TRATTARE CON IL PRINCIPE!
GRRR!
INTANTO...
QUESTA CITTÀ È DAVVERO MOLTO SUGGESTIVA!
EHI, GUARDATE LÀ!
UNA SEZIONE LOCALE DELLE GIOVANI MARMOTTE!
INCREDIBILE!

S'IMPONE UNA VISITA DI CORTESIA!
FUORI **GRADI E BERRETTI!**
SIETE PRONTI, **GENERALI** QUO E QUA?
PRONTISSIMI!
ANDIAMO, ALLORA!
NEL FRATTEMPO, I TENTATIVI SI SUSSEGUONO SENZA SOSTA...
LA PROVA CONSISTE NELL'ENTRARE IN QUELL'ARENA...
"...E ACCHIAPPARE A MANI NUDE UNO **STRUZZO NANO!**"

UH?!
FRIP
ZAF
MA CHE...
FRIP
ZAF
GRRR...
SBEM
SOB!
DOVETE RAGGIUNGERE QUELLA BANDIERINA, CERCANDO DI EVITARE I **GETTI D'ACQUA!**
STAFF

SEMBRA FACILE!
SWOOSH
GASP!
URGH!
YEEEOOW!
STANNO ARRIVANDO TRE G.M.!
RIESCI A DISTINGUERE I GRADI?
G M
SI'! SONO TUTTI E TRE **GENERALI**!
PRESTO! SUONA L'**ADUNATA**!

E' UN ONORE RICEVERE UNA DELEGAZIONE DI PAPEROPOLI, GENERALI!
GRAZIE, AMICI!
VENITE! VI FAREMO VISITARE LA NOSTRA SEDE!
ANCORA NESSUNA MEDAGLIA, PIVELLO?
NO! E VEDO CHE TU NON HAI FATTO MEGLIO!
DOVETE SALTARE SULLA PEDANA A MOLLA, E PASSARE ATTRAVERSO QUEL FORO!
SPERIAMO BENE!

SPROOIIING
OUCH!
THUD
FORZA, ZIONE! CERCA DI COLPIRNE ALMENO UNA!
SWIIIISS
SWIIIIIIISS
UHI!
TOC

QUESTA E' LA NOSTRA **PALESTRA!**
DAVVERO ATTREZ-ZATISSIMA!
E QUESTA E' LA NOSTRA SALA DI LETTURA!
COME VEDETE, ALLE PARETI SONO APPESI I RITRATTI DELLE G.M. PIU' **ILLUSTRI!**
RAGAZZI, GUARDATE LA'!
?!
PRIVATO
NON DITEMI CHE QUELLO E'...
EH, SI'! E' PRO-PRIO **LUI!**

262

E FINALMENTE...
CONGRATULAZIONI! ECCO LA VOSTRA PRIMA MEDAGLIA!
BRAVO, ZIO!
A VOI! VE LA SIETE MERITATA!
CONGRATULAZIONI, CAPO!
PRESTO, PAPERINO! DOBBIAMO PRECEDERE IL PIVELLO!
SVELTO, LUSKY! DOBBIAMO ARRIVARE PRIMA DELLA VECCHIA TUBA!
DEVO VEDERE IL PRINCIPE! ANNUNCIATEMI SUBITO!
NO! DEVO VEDERLO PRIMA IO!
!
ZOOWN
ZOOWN
SKREEEEK
SKREEEEK

PRIMA IO, HO DETTO!
NON SE NE PARLA! METTITI IN CODA!
FINITELA, VOI DUE!
SOK
POC
ZANF
E POI, PERCHE' VORRESTE VEDERE SUA SIGNORIA?
VOGLIO DIVENTARE RAPPRESENTANTE PER L'IMPORTAZIONE DEI **TARTUFI!**
ARRIVATE TARDI!
IL PRINCIPE HA GIA' I SUOI **REFERENTI!** STANNO ARRIVANDO PROPRIO ADESSO!
UH?
QUI, QUO, QUA?
CON... IL **PRINCIPE?!**

GIÀ! IN PASSATO E' STATO UNA **GIOVANE MARMOTTA**!
DI GRANDE VALORE, PER GIUNTA!
E' COSÌ! E SONO RIMASTO TANTO LEGATO A QUELLO STILE DI VITA...
"...BASATO SULL' ONESTÀ E IL CORAGGIO NECESSARI PER GUADAGNARSI LE MEDAGLIE..."
...CHE HO PENSATO CHE TUTTI I MIEI CONCITTADINI DOVESSERO FARE ALTRETTANTO!
!
QUI, QUO, QUA SONO VENUTI DA ME COME **GENERALI**, MENTRE IO HO RAGGIUNTO SOLO IL GRADO DI **COLONNELLO**!
COSI' HO SCELTO **LORO** COME REFERENTI A PAPEROPOLI!
?!
!
5t
CLANG
t

SULLA VIA DEL RITORNO...
DOVRESTE DIVENTARE MIEI **SOCI**, VI DICO!
LASCIATELO PERDERE! IO POSSO OFFRIRVI MOLTO DI PIU'!
SCEGLIERANNO ME! SONO I MIEI NIPOTI!
E ALLORA? NON E' MICA COLPA LORO!
TU CHE DICI, PAPERINO? ANDRANNO AVANTI ANCORA PER MOLTO?
BONK
PAK
TEMO PROPRIO DI SI'!
SARA' UN **LUNGO**, ANZI, **LUNGHISSIMO** VIAGGIO!
PAF
SBAM
SOC
FINE

PAPERINO ATLETA UNIVERSALE
WALT DISNEY
GRECIA! SOLE, MARE E... UNA VACANZA SUPER!
"... I NUMEROSI SITI ARCHEOLOGICI, SPARSI IN TUTTA LA GRECIA, SONO RICCHI DI ANTICHISSIMI REPERTI DI INESTIMABILE VALORE..."
D-2751-5

È VERO! CE N'È UNO ANCHE QUI VICINO!
SITO ARCHEOLOGICO
LA GRECIA È UN MUSEO A CIELO APERTO! CHISSÀ QUANTI TESORI ASPETTANO ANCORA DI ESSERE RITROVATI!
UHM...
CHISSÀ, MAGARI CE NE SONO ANCHE QUI SOTTO! EH, EH! SAREBBE DAVVERO UNA BELLA SCOPERTA!
VLOP
GULP! MA QUELLO È...
EVVIVA! UN ANTICHISSIMO COCCIO DI CERAMICA! VARRÀ CIFRE DA CAPOGIRO!
?

EHI, PAPERO!
SIETE VENUTO A CONGRATULARVI PER LA MIA SCOPERTA?
NO! SONO VENUTO A CASTIGARVI! DETESTO CHI INSUDICIA LA SPIAGGIA CON I COCCI DELLE CARAFFE DEL RISTORANTE!
BONK
GRRR! SMETTETELA DI RIDERE! PUÒ CAPITARE A CHIUNQUE DI PRENDERE UN ABBAGLIO!
AH! AH! AH!
UMPF! SBOLLIRÒ LA COLLERA FACENDO UN'IMMERSIONE!
QUELL'ANTIPATICO BAGNINO MI TIENE D'OCCHIO! ANDRÒ AL LARGO!
BROOO...
Così...

I FONDALI DI QUESTO TRATTO DI MARE SONO SPLENDIDI!
URGLE!
ALLA LARGA DALLE MEDUSE! SE MI TOCCANO CON I TENTACOLI URTICANTI, SONO GUAI!
FIUUU! SE NE VANNO!
UHM... NON MI ERO ACCORTO CHE QUESTA GROTTA FOSSE COSÌ ESTESA!

270

ULP! MA QUESTI... SONO ALTRI COCCI DEL RISTORANTE!
E...
DIMOSTRERÒ AL BAGNINO IL MIO RISPETTO PER L'AMBIENTE...
BROOOAR
... GETTANDOLI VIA! LÀ!
?!
CHE COSA FAI, ZIO PAPERINO? QUELLE SONO ANTICHISSIME TAVOLETTE DI TERRACOTTA!
EH?
MA... ALLORA... EVVIVA! HO SCOPERTO DAVVERO QUALCOSA DI PREZIOSO!
PRESTO, RAGAZZI! PORTIAMOLE SUBITO AL MUSEO!

Così...
DAVVERO UNO STRABILIANTE RITROVAMENTO, SIGNOR PAPERINO! COME DIRETTORE, MI CONGRATULO CON VOI!
MUSEO
SONO IMPAZIENTE DI TRADURRE GLI SCRITTI GIUNTI A NOI DALL'ANTICA GRECIA!

PIÙ TARDI...
SGURGLE!
AVETE SCOPERTO QUALCOSA D'INTERESSANTE, PROFESSOR KOCCIVECCHIS?
DEFINIRE ECCEZIONALE QUESTA ISCRIZIONE SIGNIFICA SMINUIRNE IL VALORE! QUI SI NARRA NIENTEMENO CHE DELLA PRIMISSIMA GARA SPORTIVA DELLA STORIA!
"I GIOCHI SPORTIVI VENNERO INDETTI IN ONORE DEGLI DEI DELL'OLIMPO!"
VI PARTECIPÒ UN CAMPIONE STRAORDINARIO CHE TRIONFÒ IN TUTTE LE COMPETIZIONI! AMMIRATO DA TANTA BRAVURA, IL SOMMO ZEUS IN PERSONA LO PREMIÒ...
... CONCEDENDOGLI IL DONO DI TRASMETTERE LE SUE PORTENTOSE CAPACITÀ SPORTIVE AI SUOI DISCENDENTI!

IL RACCONTO PROSEGUE SULLA SECONDA TAVOLETTA! C'È SCRITTO CHE "MAI NESSUNO EGUAGLIÒ LE SUE GESTA ATLETICHE"! IL SUO NOME ERA...
... PAPHERINOS!
URGLE! È QUASI UGUALE AL MIO!
CI PENSATE, RAGAZZI? FORSE ERA UN MIO LONTANO ANTENATO!
NON FARE TROPPI VOLI CON LA FANTASIA, ZIO PAPERINO!
BE', PERÒ... GUARDATE! SULLA TERZA TAVOLETTA C'È IL RITRATTO DI PAPHERINOS...
?
UACK! È IDENTICO A ME!
PAPHERINOS

HO SEMPRE PENSATO DI ESSERE DESTINATO A IMPRESE MEMORABILI E QUESTA NE È LA PROVA! SONO IL DISCENDENTE DELL'ATLETA UNIVERSALE, PERCIÒ SONO BRAVO COME LUI!
MA DAI! NON CREDERAI A UNA LEGGENDA!
CHE NE PENSATE, PROFESSORE?
NON POSSO DARVI TORTO, RAGAZZI! PER QUANTO AFFASCINANTE, IL RACCONTO MI SEMBRA MOLTO FANTASIOSO!
ALLORA, SIAMO SULLA STESSA LUNGHEZZA D'ONDA!
CRASH
DEL RESTO, LO ZIO PAPERINO NON HA PROPRIO IL FISICO DEL GRANDE ATLETA!
QUELLA NOTTE, NELL'HOTEL DOVE ALLOGGIANO I PAPERI...
HOTEL

... PAPERINO FA UNO STRANO SOGNO...
"EHI! MA TU SEI PAPHERINOS!"
"PROPRIO IO, MIO DILETTO DISCENDENTE!"
"IN TE RIVIVONO LE MIE LEGGENDARIE CAPACITÀ SPORTIVE!"
"TU SEI IL MIO EREDE!"
"UAO!"
"ZZZ..."
"EREDE..."
"EREDE..."
EREDE!

AL MATTINO, PAPERINO RACCONTA TUTTO AI NIPOTINI...
TI SEI LASCIATO SUGGESTIONARE DAGLI AVVENIMENTI DI IERI, ZIO!
SGRUNT! IL VOSTRO PERSISTENTE SCETTICISMO COMINCIA A INFASTIDIRMI!
CHOMP
MA CERCA DI RIFLETTERE!
SI TRATTA DI PURE E SEMPLICI COINCIDENZE!
TE LO CONFERMERÀ ANCHE IL PROFESSOR KOCCIVECCHIS!
UHM... PERÒ, IL SOGNO DI VOSTRO ZIO MI FA RIFLETTERE!
NON C'È CHE UN MODO PER ACCERTARE LA VERITÀ... METTERLO ALLA PROVA!

SE È DAVVERO UN ATLETA ECCEZIONALE COME PAPHERINOS, DOVRÀ DIMOSTRARLO!
È PROPRIO QUELLO CHE FARÒ!
ANDREMO NELLA PICCOLA BAIA E...
"... NUOTERÒ PER TRE CHILOMETRI, FINO ALL'ISOLOTTO! VOI E IL PROFESSORE MI ASPETTERETE LÀ!"
FRANTUMERÒ OGNI RECORD! COSÌ, FINALMENTE, VI CONVINCERETE!
OKAY, ZIO CAMPIONE! MOSTRACI QUELLO CHE SAI FARE!
SPLASH
SPLASH

HO PORTATO UNO SPUNTINO! CREDO PROPRIO CHE LO ZIO...
... CI METTERÀ UN BEL PO' AD ARRIVARE!
PANT...
UACK! È GIÀ QUI!
PANT... PUFF...
MA... MA... COME AVETE FATTO AD ARRIVARE IN POCHI MINUTI?
ANF!
NON LO SO NEANCH'IO! STAVO NUOTANDO... E ALL'IMPROVVISO MI SONO TROVATO VICINO ALL'ISOLOTTO!
INCRE-DIBILE!

PER ME È TUTTO CHIARO, INVECE! È STATA L'ENERGIA DI PAPHERINOS CHE MI HA FATTO COMPIERE QUESTA STRAORDINARIA IMPRESA!
MUM-BLE...
INIZIALMENTE ERO SCETTICO! DOPO QUESTA STREPITOSA PROVA, PERÒ, DEVO RICREDERMI!
GULP! ALLORA... È PROPRIO VERO!
SEI DAVVERO L'EREDE DEL PIÙ GRANDE ATLETA DI TUTTI I TEMPI!
EVVIVA!
YU-UUUH!
SO GIÀ COME METTERE A FRUTTO IL DONO RICEVUTO!
XYZ
PARTECIPERÒ ALLA COMPETIZIONE DI PECHINO E STRABILIERÒ IL MONDO INTERO!

IL GIORNO DOPO, A PAPEROPOLI...
ESULTA, ZIONE! QUESTA È UNA GIORNATA GRANDIOSA!
BU-UUUH!
SCIAGURATO NIPOTASTRO! COME OSI GIOIRE MENTRE IO SOFFRO?
URGH!
CHE COSA È SUCCESSO?
SIGH E STRASIGH! DA TEMPO MI SONO ASSICURATO L'ESCLUSIVA PER PAPEROPOLI DEI DIRITTI TELEVISIVI DELL'EVENTO SPORTIVO MONDIALE!
ASPETTAVO LA RISPOSTA DEL PRESIDENTE DEL C.E.S.P.* PER OTTENERE L'ESCLUSIVA TOTALE...
OGNI FOTO SUI GIORNALI, OGNI IMMAGINE SU PAPERNET MI SAREBBE STATA PAGATA FIOR DI DOLLARONI! INVECE...
INVECE?
* COMITATO EVENTI SPORTIVI PLANETARI

IL PRESIDENTE HA RISPOSTO NO!
CRONK
UHM...
HO UN'IDEA PER RISOLVERE IL TUO PROBLEMA, ZIO PAPERONE!
TU HAI UN'IDEA? LE TESTATE MI HANNO FRASTORNATO PIÙ DI QUANTO CREDESSI!
TSK! ASCOLTA! SE OFFRIRAI AL PRESIDENTE DEL C.E.S.P. LA POSSIBILITÀ DI FAR GAREGGIARE, PER PAPEROPOLI, UN FORMIDABILE ATLETA...
... IN GRADO DI TRIONFARE IN OGNI SPORT, L'ESCLUSIVA SARÀ SICURAMENTE TUA!
UMPF! E DOVE LO TROVO QUESTO FENOMENO?
SONO IO! ERO APPUNTO VENUTO PER CHIEDERE IL TUO AIUTO PER PARTECIPARE ALLA COMPETIZIONE!
EEEH?!

SEI USCITO DI SENNO, SCELLERATO PERDIGIORNO? TI DIVERTI A PRENDERMI IN GIRO, MA CAPITI MALE!
SBONK
SGUEK!
LO ZIO PAPERINO DICE LA VERITÀ! DEVI SAPERE CHE... BLA, BLA, BLA... PAPHERINOS...
NIPOTE CARO! SCUSAMI SE SONO STATO... EHM... UN TANTINO BRUSCO!
"CORRIAMO ALLA SEDE DEL C.E.S.P.!"
COSÌ VOSTRO NIPOTE SAREBBE IL PIÙ GRANDE ATLETA DEL MONDO?
C.E.S.P.
LA BARZELLETTA È DIVERTENTE, MISTER DE' PAPERONI! MA SONO MOLTO INDAFFARATO!
ZUT! MENO SARCASMO, MISTER GAME!

UNA TELEFONATA ALLO STIMATISSIMO E ATTENDIBILISSIMO PROFESSOR KOCCIVECCHIS FUGHERÀ OGNI VOSTRO DUBBIO!
!
GARANTISCO! PAPERINO È DAVVERO UN ALTLETA UNIVERSALE! HA COMPIUTO, DAVANTI AI MIEI OCCHI, UN'IMPRESA DAVVERO INEGUAGLIABILE!
BE', SE LE COSE STANNO COSÌ... L'ESCLUSIVA TOTALE È VOSTRA!
EVVIVA!
A UNA CONDIZIONE, PERÒ! SE PAPERINO NON VINCERÀ ALMENO UNA MEDAGLIA D'ORO, RISARCIRETE AL C.E.S.P. UN FANTASTILIARDO DI DOLLARI!
EHM... SEI PROPRIO SICURO CHE...
TUT-TUT! FIRMA PURE TRANQUILLAMENTE, ZIONE!
CONTRATTO
NON TE NE PENTIRAI! EH, EH!
1
2
3

IL GIORNO DOPO, INIZIANO LE GARE DI PECHINO...

UNO SPORTIVISSIMO COME ME NON POTEVA MANCARE! QUEST'EDIZIONE DEI GIOCHI, POI, PASSERÀ ALLA STORIA PER LA PARTECIPAZIONE DEL PIÙ GRANDE ATLETA DI TUTTI I TEMPI!
ECCO LO ZIO PAPERINO!
È IL CAPITANO DELLA RAPPRESENTATIVA DI PAPEROPOLI!
PAPEROPOLI
EH, EH! QUEST'AVVENTURA SEGNERÀ IL MIO TRIONFO!
ZIO PAPERONE, SEI COMMOSSO?
SNIFF!
PIANGO PER LA FELICITÀ... AL PENSIERO DEI MILIARDI CHE GUADAGNERÒ!
AH! AH! AH!

I GIOCHI HANNO INIZIO...
ANCHE QUESTA GIORNATA DI SPORT SI È CONCLUSA...
DOMANI CI ASPETTANO NUOVE GARE E NUOVI RECORD! ARRIVEDERCI!
GLI ALTRI ATLETI SI STANNO ALLENANDO AL MEGLIO, ZIO PAPERINO! NON PENSI CHE...

... DOVRESTI FARE QUALCOSA DI PIÙ DI UN'ORA AL GIORNO DI ESERCIZI NELLA PALESTRA DELL'HOTEL?
TSK! È QUANTO BASTA PER TENERMI IN FORMA!
NON DIMENTICATE CHE IO SONO... URGH... L'EREDE DEL LEGGENDARIO PAPHERINOS!
HO GIÀ SCELTO... PUFF... PUFF... LE TRE SPECIALITÀ ALLE QUALI PARTECIPERÒ!
GNIK
GNIK
COME MAI SOLO TRE?
BE', DATA LA MIA SOVERCHIANTE SUPERIORITÀ, NON HO VOLUTO STRAFARE! EH, EH!

IL GIORNO DOPO...
SONO IMPAZIENTE DI VEDER GAREGGIARE PAPERINO!
ECCOLO! STA GIUSTO ENTRANDO IN PISTA!
PAPERINO DI PAPEROPOLI SI PREPARA PER IL SALTO CON L'ASTA!
PAPER
CIN CIN
DAI, ZIO! DAI! DAI!
OOOH!

L'EMOZIONE MI HA APPANNATO LE LENTI! QUANTO HA SALTATO?
EHM... DUE METRI...
... SOTTO L'ASTICELLA!
G-GLOM!
LA TENSIONE DELL'ESORDIO PUÒ GIOCARE QUESTI SCHERZI! VEDRETE CHE SI RIFARÀ!
INVECE...
PAPERINO VIENE ELIMINATO!
GRRR! CATASTROFE AMBULANTE! TI SEI DIMOSTRATO UN VERO CAMPIONE... DI INETTITUDINE!
GLOM!

MUMBLE... MUMBLE... NON CAPISCO PERCHÉ HO FALLITO!
EHI... FORSE LO SO!
NON CE L'HO FATTA PERCHÉ PAPHERINOS NON È ACCANTO A ME!
UMPF! DI CHE COSA STAI CIANCIANDO?
È CHIARO! È TROPPO LONTANO, PERCIÒ NON RICEVO LE SUE CAPACITÀ SPORTIVE!
MA SE AVESSI QUI LA TAVOLETTA CON LA SUA EFFIGIE TUTTO ANDREBBE A POSTO!
UHM... POTREBBE ESSERE!
LASCIATE FARE A ME! CONTATTO SUBITO IL MIO MUSEO IN GRECIA E...

"... ORGANIZZO UN TRASPORTO **URGENTISSIMO!**"
ROOOOAR
ORA NON HAI NESSUN ALIBI! LA MEDAGLIA D'ORO **DEVE** ESSERE TUA!
LA **VINCERÒ**, ZIONE!
AFFIDO A VOI LA TAVOLETTA, PROFESSORE! SARÀ ABBASTANZA VICINA PERCHÉ IO NE RICEVA L'**INFLUSSO**!
RINOS
PROSSIMA GARA, I 400 METRI DI NUOTO, STILE LIBERO...
NON POSSO FALLIRE! IN GRECIA, HO **STRABILIATO** TUTTI IN UN PERCORSO MOLTO PIÙ LUNGO!

LO ZIO PAPERINO HA LA GRINTA GIUSTA!
EH, EH!
"VIAAA!"
SPLASH
SENTO IN ME L'ENERGIA DEL GRANDE PAPHERINOS!
ALLORA? COME STA ANDANDO?
EHM... DOPO LA PRIMA VASCA È PENULTIMO!
STA AUMENTANDO LE BRACCIATE! HA RIMONTATO UNA POSIZIONE...
EVVIVA!
GLOM! GLI È VENUTO UN CRAMPO... SI È RITIRATO!
NOOO!

PIÙ TARDI, IN HOTEL...
GRRR! ALTRO CHE ATLETA UNIVERSALE! TI SEI DIMOSTRATO UN DISASTRO COSMICO!
GLAB!
N-NON RIESCO A CAPIRE! EPPURE, SONO L'INDUBBIO EREDE DEL LEGGENDARIO PAPHERINOS!
È VERO! MA LE COSE NON STANNO COME CREDEVAMO!
EH?
HO APPENA SENTITO I MIEI ASSISTENTI IN GRECIA! NELLA GROTTA SOTTOMARINA HANNO RINVENUTO UNA QUARTA TAVOLETTA!

294

NELLA GIUSTA SEQUENZA DI LETTURA, VA COLLOCATA TRA LA PRIMA E QUELLA CHE RITENEVO FOSSE LA SECONDA!
QUESTO CAMBIA RADICALMENTE IL CONTENUTO DELLO SCRITTO!
IN CHE MODO, PROFESSORE?
"BE', L'ATLETA UNIVERSALE ERA UN ALTRO! PAPHERINOS ERA TALMENTE SCARSO CHE NON VINSE NEMMENO UNA GARA, COPRENDOSI DI RIDICOLO!"
MA... SULLA TAVOLETTA C'ERA SCRITTO CHE "MAI NESSUNO EGUAGLIÒ LE SUE GESTA SPORTIVE"!
EHM... EVIDENTEMENTE ERA UN COMMENTO IRONICO!
SOB! SONO IL DISCENDENTE DELL'ATLETA PIÙ SCARSO DELLA STORIA DELLO SPORT!
SNORT! E TE NE SEI DIMOSTRATO PERFETTAMENTE DEGNO!

UN MOMENTO! COME SPIEGATE LA MIA FORMIDABILE NUOTATA IN GRECIA?
UHM... È VERO!
MUMBLE... MUMBLE... UNA SPIEGAZIONE DEVE PUR ESSERCI!
CERCHERÒ DI SCOPRIRLO CON ALCUNE TELEFONATE!
PIÙ TARDI...
MISTERO RISOLTO, AMICI!
HO PARLATO CON LA CAPITANERIA DI PORTO IN GRECIA E HO SCOPERTO CHE...

"... MENTRE PAPERINO NUOTAVA, SI ERA FORMATA UN'ONDA ANOMALA CHE DEVE AVERLO SOSPINTO SENZA CHE LUI SE NE RENDESSE CONTO ..."
SPLOOOOSH
BLUB!
"... E LO HA TRASPORTATO IN POCHI MINUTI VICINO ALL'ISOLOTTO!"
COSÌ, ABBIAMO CREDUTO CHE FOSSE UN CAMPIONE!
GULP!
GROAN! I MIEI SOGNI DI GLORIA SONO SFUMATI PER SEMPRE!
INVECE IL TUO INCUBO COMINCIA ADESSO!
GRRR! PER COLPA TUA DOVRÒ RISARCIRE UN FANTASTILIARDO DI DOLLARI AL PRESIDENTE DEL C.E.S.P.!

DEPAUPERATORE DI ZII! SCENDI E AFFRONTA DA PAPERO IL CASTIGO!
CASTIGO? UHM...
Così...
TI INSEGUIRÒ FINO A QUANDO NON SARAI IN PERFETTA FORMA PER VINCERE LA MARATONA!
AH! AH! AH! CON UN ALLENATORE COSÌ, LO ZIO PAPERINO VINCERÀ DI SICURO LA MEDAGLIA D'ORO!
FINE

WALT DISNEY
PIPPO E IL SEGRETO DEL GRANDE ATLETA
MAGNIFICO! LA PISTA DI ATLETICA CHE HO SEMPRE SOGNATO!
J-1904
POSSO FINALMENTE DEDICARMI ALLA MIA SPECIALITÀ PREFERITA: IL SALTO IN LUNGO!
CHE SFORTUNA! COMINCIA A PIOVERE!
MA NON SARÀ UN PO' D'ACQUA A FERMARMI!
COMINCIAMO DAL SALTO IN LUNG...
OP-LÀ!

GAWRSH!
SGUISHHH
...OOOHHH!
PRONF
OLTRE ALLA PIOGGIA, ANCHE LA **TEMPESTA DI SABBIA**!
VEDIAMO CHE RISULTATO HO OTTENUTO!
BENETE
GOOD BYE
SETTE CENTIMETRI E MEZZO? **FORSE** SI PUO' FARE MEGLIO!

MA IN TUTTI GLI INNUMEREVOLI TENTATIVI SUCCESSIVI MANCA SEMPRE UN SALTO DI QUALITA'!
SWIIISHHH
SGUIIIISHH
POMF
POMF
SIGH! MI CONVIENE RINUNCIARE!
EHI! UN MOMENTO! IL MIO PRO-PRO-PROZIO PIPPUS ATLETICUS!
HO FATTO BENE A PORTARE CON ME IL SUO DIARIO!
IL PRO-PRO-PROZIO CONOSCEVA IL SEGRETO DEL GRANDE ATLETA!

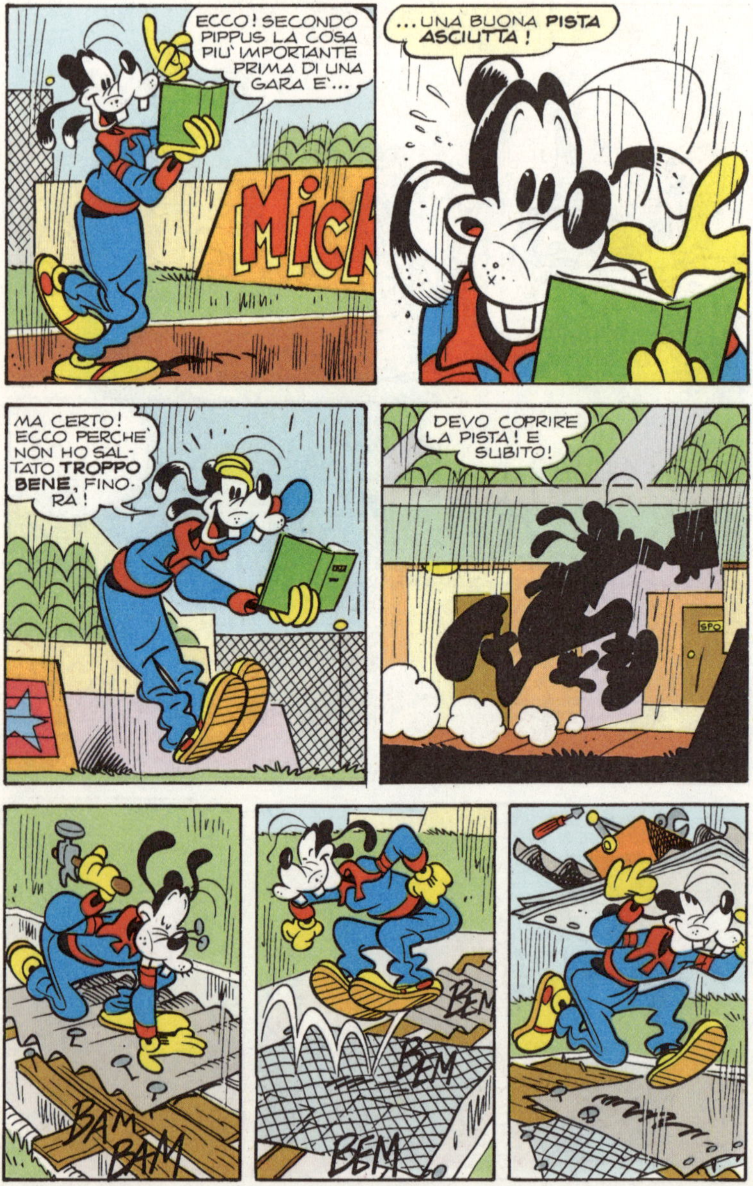

ECCO! SECONDO PIPPUS LA COSA PIU' IMPORTANTE PRIMA DI UNA GARA E'...
...UNA BUONA **PISTA ASCIUTTA**!
MICK
MA CERTO! ECCO PERCHE' NON HO SALTATO **TROPPO BENE**, FINORA!
DEVO COPRIRE LA PISTA! E SUBITO!
SPO
BAM BAM
BEM
BEM
BEM

MAGNIFICO! I RISULTATI NON SI FARANNO ATTENDERE!
URGH!
SIGH! FALLIMENTO TOTALE!
ZIO PIPPO! COME MAI COSÌ GIÙ?
GILBERTO! FORSE TU PUOI DARMI UNA MANO!

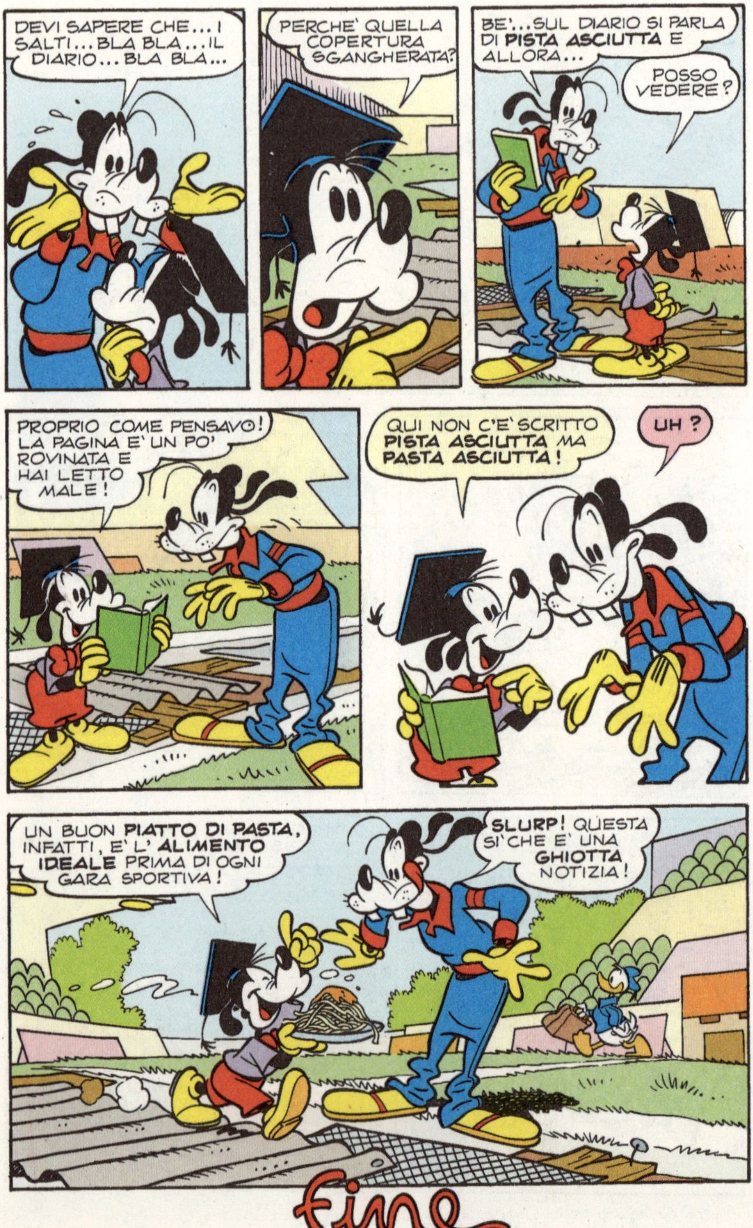

DEVI SAPERE CHE... I SALTI... BLA BLA... IL DIARIO... BLA BLA...
PERCHE' QUELLA COPERTURA SGANGHERATA?
BE'... SUL DIARIO SI PARLA DI **PISTA ASCIUTTA** E ALLORA...
POSSO VEDERE?
PROPRIO COME PENSAVO! LA PAGINA E' UN PO' ROVINATA E HAI LETTO MALE!
QUI NON C'E' SCRITTO **PISTA ASCIUTTA** MA **PASTA ASCIUTTA**!
UH?
UN BUON **PIATTO DI PASTA**, INFATTI, E' L' **ALIMENTO IDEALE** PRIMA DI OGNI GARA SPORTIVA!
SLURP! QUESTA SI' CHE E' UNA **GHIOTTA** NOTIZIA!
fine